世界文化鉴赏系列

世界奢侈品鉴赏

（珍藏版）

《深度文化》编委会◎编著

清華大學出版社

北 京

内 容 简 介

本书是介绍世界奢侈品知识的普及读物。书中精心收录了 160 余款具有极高艺术价值、文化价值、鉴赏价值和收藏价值的经典奢侈品，代表了世界奢侈品行业的突出成就。编写团队着重介绍了这些奢侈品的面世时间、市场售价、背景故事、设计特点等知识，并配有精致美观的插图，尽力展示其内外风貌。

本书体例科学简明，分析讲解透彻，图片精美丰富，适合广大奢侈品爱好者阅读和收藏。

图书在版编目 (CIP) 数据

世界奢侈品鉴赏：珍藏版 /《深度文化》编委会编著 . —北京：清华大学出版社，2022.6（2024.11重印）

（世界文化鉴赏系列）

ISBN 978-7-302-57440-8

Ⅰ. ①世… Ⅱ. ①深… Ⅲ. ①消费品—鉴赏—世界 Ⅳ. ① F76

中国版本图书馆 CIP 数据核字（2021）第 021172 号

责任编辑：李玉萍
封面设计：李　坤
责任校对：张彦彬
责任印制：宋　林

出版发行：清华大学出版社
　　　　网　　　址：https://www.tup.com.cn，https://www.wqxuetang.com
　　　　地　　　址：北京清华大学学研大厦 A 座　　　　邮　　编：100084
　　　　社 总 机：010-83470000　　　　　　　　　　邮　　购：010-62786544
　　　　投稿与读者服务：010-62776969，c-service@tup.tsinghua.edu.cn
　　　　质 量 反 馈：010-62772015，zhiliang@tup.tsinghua.edu.cn
印 装 者：小森印刷（北京）有限公司
经　　销：全国新华书店
开　　本：146mm×210mm　　　印　　张：9.25　　千字：296 千字
版　　次：2022 年 8 月第 1 版　　印　　次：2024 年 11 月第 4 次印刷
定　　价：59.00 元

产品编号：088416-01

前言

奢侈品到底是什么，至今仍没有一个完全权威的定义。广义而言，奢侈品泛指带给消费者高雅和精致的生活方式，注重品位和质量，并且主要面向高端的产品，也是一种超出人们生存与发展需要范围的，具有独特、稀缺、珍奇、昂贵等特点的消费品。

奢侈品在最初可视为世袭阶层彰显身份地位的标志。也就是说，它是作为一种阶层分化的标志而出现的，展现平民、贵族和君主的区别，能让社会身份地位高的人与身份低下的人拉开距离。

18世纪理性思潮和启蒙哲学的兴起使至高无上的阶层不再是国家的中心，但人类对社会分层表现形式的需求却得以保留。法国哲学家赫内·吉拉德认为："一个人（本质上是一种社会存在）无法摆脱由于缺乏差异所造成的社会混沌和人们争相效仿引发的无序状态。我们需要知道自己在社会中处于何种位置。"奢侈品在社会分层中起到了重要作用，而社会分层与君主或者世袭制度不同的是，它在一定程度上可以通过自己的努力去取得。也就是说，每个人都可以根据自己的需求重新定位自己所在的社会阶层，并不像以前那样遵循事先确立的社会层次。虽然民主和全球化使现代社会的阶层划分越来越模糊，但由于人类自身对分层的需求，人们急不可待地通过购买奢侈品的行为来彰显自己的身份地位。

任何能够彰显社会身份和地位的物品都可以被称为奢侈品。但由于部分物品有一定的条件限制，所以现代意义上的奢侈品——名牌箱包、腕表、珠宝首饰等——作为一种人人可得的方式，成为人们追逐上流社会梦想的第一选择。奢侈品一旦丧失了社会身份和地位的象征意义，也就失去了其之所以存在的首要意义。了解奢侈品知识，有助于我们提升自己的艺术修养和时尚品位。

本书是介绍奢侈品知识的普及读物。全书共分为7章，第1章详细介绍了奢侈品的定义、历史和特点等知识，其他各章分别介绍了钟表、箱包、珠宝首饰、时装、豪华座驾等奢侈品中的代表款式。针对每款奢侈品，作者主要介绍了其面世时间、市场售价、背景故事、设计特点等知识，并配有精致美观的插图。通过阅读本书，读者可以深入了解各类奢侈品的发展历程，并全面认识不同国家不同类型的奢侈品，迅速熟悉它们的设计风格。

本书是真正面向奢侈品爱好者的基础图书。编写团队拥有丰富的时尚图书写作经验，并已出版了数十本畅销全国的图书作品。与同类图书相比，本书具有科学简明的体例、丰富精美的图片和清新大气的装帧设计等特点。

本书由《深度文化》编委会创作，参与编写的人员有丁念阳、阳晓瑜、陈利华、高丽秋、龚川、何海涛、贺强、胡姝婷、黄启华、黎安芝、黎琪、黎绍文、卢刚、罗于华等。对于广大奢侈品爱好者，以及有意了解时尚知识的青少年来说，本书不失为极有价值的普及读物。希望读者朋友们能够通过阅读本书，循序渐进地丰富自己的时尚知识。

目录

第1章 | 简述奢侈品　　　1

第2章 | 世界名表　　　9

第 3 章 | 世界名包

67

第 4 章 ｜ 珠宝首饰

第 5 章 | 时装

第 6 章 | 豪华座驾

第 7 章 | 其他奢侈品 269

第①章
简述奢侈品

奢侈品是指超出人们生存与发展需要范围的，具有独特、稀缺、珍奇、昂贵等特点的消费品，又被称为非生活必需品。奢侈品在经济学上讲，指的是价值/品质关系比值较高的产品。从另外一个角度看，奢侈品又指无形价值/有形价值关系比值最高的产品。

奢侈品的定义

在英文里，奢侈是 luxury。luxury 由拉丁语 luxus 演变而来，原意指"极强的繁殖力"，后演变为浪费、无节制。大部分欧洲语言都吸收了这个概念，确切地说，该词用以描述在各种商品的生产和使用过程中超出必要程度的费用支出及生活方式的某些方面。

德国工程师沃尔冈·拉茨勒在畅销书《奢侈带来富足》中这样定义奢侈："奢侈是一种整体或部分地被各自的社会认为是奢华的生活方式，大多由产品或服务决定。"今天，奢侈品在国际上的概念是"一种超出人们生存与发展需要范围的，具有独特、稀缺、珍奇等特点的消费品"，又被称为非生活必需品。

在中国人的概念里，奢侈几乎等同于贪欲、挥霍、浪费。其实，从经济意义上而言，奢侈品实质上是一种高档消费行为对象，本身并无褒贬之分。从社会意义上来看，是一种个人品位和生活品质的提升。

经济学将奢侈品定义为对其需求的增长高于收入增长的物品。它涵盖范围很广，从名贵中药材、名牌手表到豪华汽车，都可能是奢侈品。不过，通常人们认为奢侈品是那些非常昂贵的物品，即大部分人消费不起的物品。

意大利丽娃游艇公司制造的豪华游艇

奢侈品的历史

奢侈，这个词在中国古代是个贬义词，《国语·晋语》上说："及桓子，骄泰奢侈，贪欲无艺，略则行志。""奢侈"的意思就是挥霍浪费。这在崇尚节俭的古代，绝对是一种批评之言。但奢侈品发展到今天，反而成了人们追捧的对象和彰显身份的象征。

按照今天的标准，其实中国曾制造了各种令人叹为观止的奢侈品：从精美的陶瓷器皿，到价值连城的玉雕器物；从文房四宝，到绫罗绸缎；从鱼翅燕窝，到龙井普洱；从明清家具，到苏州园林。而且中国古代的丝绸、瓷器、茶叶等通过陆上丝绸之路和海上丝绸之路源源不断地销往西方和中东，成为那里上流社会阶层喜爱的奢侈品。

中国明代瓷器

但是，中国古代社会普通民众对奢侈品的需求并不旺盛，因为中国古代的奢侈品被定位为权贵阶层专用，这些奢侈品不是用来购买的，而是给权贵阶层特供的产品，从这个意义上来说，中国古代的奢侈品是一种特供产品，对普通民众来说，它们是可望而不可即的。

现代西方人一般认为，奢侈品起源于古老的欧洲王室，特别是以铺张挥霍方式生活的法国宫廷。自15世纪地理大发现和随之而来的殖民扩张，奢华和享乐主义的生活方式开始在欧洲上层社会滋生，在宫廷与贵族中形成潮流。欧洲的奢侈基因与贵族文化在17—18世纪的法国达到了鼎盛。法国国王亨利四世的第二任妻子，身穿绣着3万多颗珍珠和3千多颗钻石的礼服出席孩子的受洗礼；路易十四时期连宫廷的侍女们都争相戴着高耸入云的假发；路易十五的情妇蓬帕杜夫人亲自鼓励奢侈品工匠，并帮助成立特供凡尔赛宫使用的塞夫尔瓷器厂。

蓬帕杜夫人画像

今天，许多人仍然津津乐道的欧洲古老奢侈品品牌，很多都在此阶段诞生，如爱马仕、路易威登、百达翡丽、卡地亚、欧米茄以及博柏利等知名奢侈品品牌。它们集中诞生于该时期的法国，都是由技艺精湛但身份卑微的工匠为王室制造手工艺品而创立的品牌。例如，路易威登创始人是19世纪一位专门替王公贵族打包旅行行李的技师，他被铺张浪费、生活奢侈的拿破仑三世的皇后欧仁妮看中，成为其御用装箱工和皮箱制造工。

　　随着 1789 年法国大革命爆发，奢侈品的使用阶层开始扩大。那些法国大革命前仅隶属于王公贵族的能工巧匠，在大革命后纷纷放下"架子"，为贵族阶层之外的、有着购买能力的新时代的上流社会服务。而当奢侈品从皇宫走出来之后，不再一定要显得华贵奢靡，但要继续保持精致得体与优良品质。路易威登在 1854 年结束了为宫廷服务的工作之后，在巴黎创办了首间皮箱店，主要为旅行者设计生产平盖行李箱。

　　19 世纪末，经历了社会变革和革命，全世界的专制王朝逐渐被民主的社会所取代，工业革命为大批的发明家和企业家带来财富，那些拥有巨额财富的欧洲贵族和美国精英，渴望享受如旧时王室一般的生活方式与品位。曾经服务于皇室的奢侈品品牌，延续了其历史传统、优良品质的特征，新兴资产阶级成为这些品牌的新消费群体。

瑞士卢加诺路易威登商店

　　20 世纪 40 年代，经济大萧条和二战使这些奢侈品生产行业不得不面临倒闭的风险，这种状态一直持续到 20 世纪 50 年代，这之后奢侈品市场不但复苏，还盯上了那些迅速崛起的其他国家，包括中国的市场。

　　20 世纪 70 年代到 80 年代，就已经有欧洲奢侈品品牌陆续进入中国。不过，当时中国奢侈品市场处于起步阶段，人们对此的兴致还不是很高。1990 年，卡地亚进入中国奢侈品市场，引领国际奢侈品大批进入中国。20 世纪 90 年代是国际奢侈品进入中国最多的时期，有一个品牌显得尤为突出，那就是国际奢侈品巨头路易威登，该品牌于 1992 年在北京王府饭店开设了中国第一家直营店。

1993 年是许多奢侈品品牌大举进入中国的一年，包括兰蔻、雅诗兰黛、倩碧、香奈儿等。到了 20 世纪 90 年代后期，阿玛尼、爱玛仕等品牌也不甘落后，纷纷来到中国开店。

2003 年，中国人均 GDP 达到 1000 美元，消费结构开始改变，中国真正拉开了奢侈品消费的序幕，从此中国奢侈品市场开始进入快速增长阶段。国际媒体英国《金融时报》和《银行家》杂志也开始关注中国奢侈品市场。2004 年，中国颁布《外商投资商业领域管理办法》，向国外企业开放了商业市场，这是一个里程碑式的文件，它积极促进了国际奢侈品对中国的大力度投资，国际独资的奢侈品专卖店如雨后春笋般成长。这个文件奠定了中国成为奢侈品消费大国的基础。

奢侈品的特点

沉淀的历史

俗话说"三代才能出一个贵族"，这句话用在奢侈品领域更是恰如其分。所有称得上顶级的奢侈品无一例外，都有着许多让消费者回味和沉醉许久的历史故事，很多品牌的历史甚至以百年计。例如宝珀、江诗丹顿等名表的历史可以追溯到 18 世纪中叶以前。就像陈年的佳酿可以多卖出几倍价钱一样，消费者也愿意为这个看不见摸不着的历史买单。历史，是奢侈品之所以奢侈的第一要素。

独特的品牌

1879 年，绝对伏特加创始人、"伏特加之王"拉斯·奥尔松·史密斯在瑞典发明了连续蒸馏法，这种酿造工艺被绝对伏特加沿用并发扬光大。绝对伏特加坚持在原产地小镇，采用深井的天然水来酿造，从而保证每一滴酒的品质。这也成为了绝对伏特加最主要的卖点。不仅如此，绝对伏特加还把自己与波普艺术结合起来，波普艺术大师安迪·沃霍尔把绝对伏特加以另一种全新的形式展现在世人面前：绝对艺术。但这都始终围绕着绝对伏特加的品牌诉求：绝对的纯粹而独特。

许多奢侈品都有类似的基因。宝珀表坚持全手工制造而且不镶嵌任何钻石，路易威登力求精致与简约，普拉达追求完美，这些独特的因素成为消费者选择它们的重要理由。奢侈品品牌坚持这些理念，从来不随波逐流，也不主动迎合大众喜好，只想把产品卖给那些喜欢它们的人。

拉斯·奥尔松·史密斯画像

传奇人物的力量

如果追溯那些奢侈品品牌，不难发现大多数品牌都与一名或数名传奇人物紧密联系在一起，很多奢侈品以它的创立者命名。乔治·阿玛尼、路易·威登、宾利、宝珀、江诗丹顿等都是如此。创立者不但创造了最初的产品传奇，也奠定了品牌独特的理念和品牌基因。许多品牌之所以能成为奢侈品，还因为它被当作家族生意世代相传，从而使其工艺和精神被完好地传承至今。路易威登品牌由法国人路易·威登本人创立于1854 年。路易·威登是 19 世纪一位专门替王公贵族打包旅行行李的技师，他制作皮箱的技术十分精良，名气渐渐地就从巴黎传遍欧洲。1896 年，路易·威登的儿子乔治用父亲姓名中的简写"L"及"V"配合花朵图案，交织字母印上粗帆布设计的样式，直到今天仍然被沿用。像这样的家族故事在顶级品牌中不胜枚举，许多品牌到了 20 世纪开始被大的奢侈品集团收购，并进行市场化运作，但其品牌精髓一直得以传承。

有限的数量

当许多奢侈品被商业化运作以后，虽然售价不菲，却依然有钱就能买到。于是，限量版商品就变成了一种巨大的诱惑，因为它代表着稀有的数量、独特的设计和特别的纪念意义。限量版产品是"奢侈品中的奢侈品"，其生产原则是要把产品奢侈化到无法复制，限量到只有小部分人出高价才能拥有。限量版的核心价值不仅在于产品，还在于它所能提供的梦想和独占性，这对于奢侈品收藏家来说更是梦寐以求的。每年，世界各大奢侈品品牌都会为生产限量版产品而绞尽脑汁。从经济角度上讲，限量版产品并不能为品牌带来很高的收益，但很多品牌还是愿意放弃一部分经济利益而推出限量版产品。厂商更希望从中获得消费者对其产品的忠诚和认可，而不是短期的利益。如果没有限量版的产品推出，那这个品牌肯定登不上奢侈品的殿堂。

手工艺的秘密

在机械化和流水线盛行的年代，人们对于手工的东西都有特别的亲切感。人们理所当然地认为，手工生产的东西更加"地道"，品质精良，内涵丰富。所以，大多数具有悠久历史的奢侈品品牌都保留了其手工艺时代所秉持的传统。手工制作耗时巨大，价格昂贵也就不足为奇。汝拉山谷的工匠们日复一日地用简单的工具加工复杂的钟表，路易威登坚持每一个铆钉都用手工打造，很多时装都是一针一针用手工缝制。在大量高质量廉价商品进入市场时，手工艺似乎成了奢侈品保持高价的最主要因素。

手工制作的路易威登皮具

第2章

世界名表

　　收藏界有一句话，"穷买金，富玩表，贵藏钟"。拥有精巧的机械钟表，曾是欧洲各国皇家贵族的传统"徽章"，是上流社会的时尚文化；如今，手表作为近现代化产物，已经深入世界各个角落。腕上小小一块表，不仅可以作为计时器，更可以彰显佩戴者的身份、地位与品位，别具象征意义。

知名品牌

◎ 百达翡丽

百达翡丽是始于 1839 年的瑞士著名钟表品牌，创始人为安东尼·百达和弗朗索瓦·沙柏。1844 年翡丽获奖，1851 年公司更名为百达翡丽 Patek，Philippe & Cie-Fabricants à Genève，至此，百达翡丽品牌正式定名。逾百年来，百达翡丽一直信奉精品哲学，遵循重质不重量、细工慢活的生产原则。主旨只有一个，即追求完美。它奉行限量生产，每年的产量只有 6 万只左右。自品牌诞生以来，百达翡丽出品的钟表数量极为有限，且只在世界顶级名店发售。百达翡丽拥有多项专利，在钟表技术上一直处于国际领先地位。

◎ 江诗丹顿

江诗丹顿钟表工作室于 1755 年在瑞士日内瓦成立，创始人为让·马克·瓦什隆。江诗丹顿传承了瑞士的传统制表精华，未曾间断，同时也创新了许多制表技术，对制表业有莫大的贡献。江诗丹顿在整个 20 世纪推出了多种令人永世难忘的款式。从简约典雅的款式到精雕细琢的复杂设计，从日常佩戴的款式到名贵的钻石腕表，每一款均代表了瑞士高级钟表登峰造极的制造工艺及其对技术和美学的追求，奠定了江诗丹顿在世界钟表界卓尔不群的地位。

◎ 劳力士

劳力士是瑞士著名的手表制造商。前身为威尔斯多夫 & 戴维斯公司，由德国人汉斯·威尔斯多夫与英国人阿尔弗雷德·戴维斯于 1905 年在伦敦合伙经营。1908 年由汉斯·威尔斯多夫在瑞士的拉夏德芬注册更名为 Rolex（劳力士）。经过一个多世纪的发展，总部设在日内瓦的劳力士公司已拥有 20 个分公司，在世界主要的大都市有 24 个规模颇大的服务中心，年产手表 80 万 ~100 万只，成为市场占有率甚高的名牌手表之一。

◎ 宝珀

宝珀诞生于 1735 年的瑞士，是世界上第一个注册成立的腕表品牌。创始人贾汗 - 雅克·宝珀将瑞士钟表业从"匠人时代"推进到"品牌时代"。宝珀秉持"创新即传统"的品牌理念，坚持只做机械表。自诞生起，宝珀的每一只顶级复杂机械腕表都完全以手工制作且均由制表师亲自检查，然后刻上编号、亲笔签名，这种传统自诞生起一直延续至今。迄今为止，钟表行业虽然没有任何官方排名，但在众多排名中，宝珀始终名列世界"十大名表"排行榜。

◎ 宝玑

宝玑于 1775 年在瑞士成立，创始人为阿伯拉罕 - 路易·宝玑。从 18 世纪开始，宝玑一直致力于为皇室成员以及各个领域的杰出人物提供作品和服务。在钟表界，阿伯拉罕 - 路易·宝玑有"表王"的称号，同时也有"现代制表之父"的美誉。因为他发明了业界超过 70% 的技术，包括复杂的陀飞轮、万年历和三问音簧等。目前，宝玑是斯沃琪集团旗下的品牌。

◎ 爱彼

爱彼是瑞士著名制表品牌，1875 年由钟表师朱尔斯 - 路易斯·奥德马斯和爱德华 - 奥古斯特·皮格特在瑞士创立，生产地在布拉苏丝。两位创始人坚持"驾驭常规，铸就创新"的理念，品牌形象独树一帜，并留下经典隽永的传世作品。直到今天，爱彼这个家族企业仍由后代子嗣一手打理，灵感巧思传承于血脉之中，对制表工艺的热情也丝毫未减。

◎ 积家

积家是一家位于瑞士勒桑捷的高级钟表制造企业，创始人为安东尼·拉考脱。自 1833 年成立于瑞士汝拉山谷以来，它便成为制表历史上举足轻重的钟表品牌。作为顶级制表行业的先驱，其不仅将精确的计时技术和精湛的工艺进行完美统一，对整个制表业的发展也作出了卓越的贡献。2000 年，积家成为瑞士奢侈品集团历峰集团旗下的公司。

◎ 宇舶

宇舶诞生于 1980 年，是首个融合贵重金属和天然橡胶为原材料的瑞士顶级腕表品牌，它的诞生无论从制表材料还是从腕表所诠释的独特美学概念来讲，在钟表界都掀起了一场革命。宇舶倡导的品牌理念是"融合的艺术"，实现了锆、钽、镁、钛等贵金属与钻石、珍稀宝石、金、白金、陶瓷、精钢以及天然橡胶的完美融合。

◎ 伯爵

伯爵诞生于 1874 年，由年仅 19 岁的乔治·爱德华·伯爵创立。从诞生以来，伯爵一直秉承"永远做得比要求的更好"的品牌精神，将精湛工艺与无限创意融入每一件作品，非常注重作品创意和对细节的追求，将腕表与珠宝的工艺完全融合在一起。20 世纪 60 年代以来，伯爵一直致力于复杂机芯的研究以及顶级珠宝首饰的设计。从设计、制作蜡模型到镶嵌宝石，伯爵始终秉承精益求精的宗旨。

◎ 芝柏

芝柏的历史可追溯至 1791 年，是世界上为数不多的几家正宗的瑞士手工制表商之一。芝柏秉承高端的制表文化，运用先进的研发技术，制造高质量的机芯和腕表。高水平的专业制表大师，热忱而充满激情地投入工作，创造出卓越不凡的时计杰作。多年来，芝柏已经注册了近 80 项制表领域的专利。

◎ 万国

万国诞生于 1868 年，创始人为罗伦汀·琼斯。自诞生以来，万国便一直引领制表工艺的发展，不断为极其复杂精密的制表业创立新标准。万国素有"高档钟表工程师"之称，专门制造男装腕表。经典的款式加上巧妙的设计，典雅而精致，操作极其简便。万国从不追求大量生产，直至今日，都忠实地秉持着固有的理念——做少量但品质卓绝的表。

◎ 理查德米勒

理查德米勒是创立于 2001 年的瑞士高级制表品牌，被誉为"手腕上的一级方程式"。从理查德米勒所创作的每一只腕表，都可以强烈感受到品牌缔造者对传统腕表精神的传承，对高科技研发、创新材质、赛车及其他领域的热忱，以及绝不为寻常规范而妥协的革新派精神。

◎ 萧邦

萧邦是瑞士著名腕表与珠宝品牌，1860 年由路易斯 - 尤利斯·萧邦在瑞士汝拉地区创立，以怀表和精密腕表著称。萧邦钟表制作工艺超卓，在金质怀表中享有杰出的声誉。其产品设计富有浪漫的诗意，洋溢着时尚的动感。

百达翡丽亨利·格雷夫斯超级复杂功能怀表

百达翡丽亨利·格雷夫斯超级复杂功能怀表是百达翡丽在 20 世纪 30 年代为纽约银行家亨利·格雷夫斯定做的全手工金怀表。格雷夫斯也被称作 20 世纪最伟大的钟表收藏家。

背景故事

1925 年，百达翡丽受纽约杰出的银行家亨利·格雷夫斯委托制造一只世界上最复杂的表。百达翡丽的顶尖制表师们花了 3 年时间进行设计，又花了 5 年时间把表组装完成，并在表盘上刻下格雷夫斯的名字，1933 年 1 月才交货给格雷夫斯。格雷夫斯拿到这只怀表后，一直留在身边，直到他去世之后才由美国时间博物馆负责保管。1999 年，博物馆倒闭，这只怀表被送到纽约苏富比拍卖会进行首次拍卖，最终以 1100 万美元的价格售出，约合 9106 万元人民币（汇率为 8.2782）。这一价格在当时创下了钟表的世界拍卖纪录。

2014 年 11 月 11 日，在被卖出 15 年后，这只怀表再次现身苏富比拍卖行。此次拍卖前估价为 1500 万瑞士法郎，拍卖过程持续 15 分钟，无论买家还是卖家均选择匿名。最终，这只怀表刷新了自己 15 年前的价格纪录，以 2130 万美元（约合 1.3 亿元人民币）的价格成交，继续稳坐"表王"宝座。

设计特点

  百达翡丽亨利·格雷夫斯超级复杂功能怀表总共拥有900多个零件，重量超过0.5千克，预计能够精确走时至2100年。这只非凡的怀表集三问报时、追针计时、万年历、月相、恒星时、动力储备显示、日出日落时间（纽约）等24项复杂功能于一身，每隔15分钟就会响起西敏寺大教堂钟声作为报时，甚至还有格雷夫斯在曼哈顿第五大道寓所仰望到的夜空景致。直至半个多世纪后，才有制表师在计算机设备的协助下设计出更复杂的表。

百达翡丽亨利·格雷夫斯超级复杂功能怀表及其表匣

百达翡丽亨利·格雷夫斯超级复杂功能怀表上手效果

百达翡丽 1928 单按钮计时腕表

百达翡丽 1928 单按钮计时腕表是百达翡丽于 1928 年制作的，在 1931 年售出。

背景故事

百达翡丽 1928 单按钮计时腕表是百达翡丽在大萧条时期的作品，由一位匿名的买家所订购。这是百达翡丽有史以来唯一一只白金表壳单按钮计时码表，这让它备受青睐。在 2011 年 5 月 16 日日内瓦佳士得拍卖会上，这只腕表以 360 万美元（约合 2423 万元人民币）的价格成交，创下了全球拍卖成交价格最高的计时腕表纪录。

设计特点

百达翡丽 1928 单按钮计时腕表的 18K 白金表壳采用酒桶形设计，长 43 毫米，宽 34 毫米。白色盘面上两个副表圈分别置于 12 点钟与 6 点钟位置。以现代眼光看，其时针与分针别有韵味。

百达翡丽"白金世界时间"腕表

百达翡丽"白金世界时间"腕表是百达翡丽于 1939 年制作的世界时间手表。

背景故事

自 1884 年美国华盛顿召开的国际子午线大会将世界正式划分为 24 个时区后，钟表品牌便展开了激烈的竞争，以抢先开发出可以显示多时区时间的手表。20 世纪 30 年代，百达翡丽推出了享誉全球的世界时间腕表。该表采用两个旋转圆盘，可同时显示 24 个时区的时间。在 2002 年举行的一场拍卖会上，"白金世界时间"腕表以 400 万美元（约合 2692 万元人民币）的价格成交。

设计特点

百达翡丽"白金世界时间"腕表拥有直径为 39.5 毫米的 18K 白金表壳，内装 Caliber 240 HU 自动上弦机芯。这款腕表拥有可调 24 小时刻度盘，清晰易读的 24 座参考城市名称，独树一帜的时针充满现代气息，可通过明暗色彩及日 / 月标记显示昼 / 夜。使用者无须停止该表的走时，也无须调节时间或计算两地间的时差。只要数次按下 10 点钟位置的按钮，直至目标时区的代表城市名称与 12 点钟位置的红色箭头对齐即可。每次按下按钮，显示当地时间的时针都将顺时针前移 1 小时，而 24 小时刻度盘与城市名称盘则逆时针移动一格，可以轻松地显示世界上 24 个主要城市的不同时间。

百达翡丽 Ref.1518 腕表

百达翡丽 Ref.1518 是百达翡丽于 20 世纪 40 年代到 50 年代制作的腕表,具有万年历和计时功能。

背景故事

百达翡丽 Ref.1518 是世界上首款以系列形式制作的万年历计时腕表,它的问世可以追溯到 1941 年。它的意义不仅限于万年历计时码表,更是百达翡丽乃至整个制表行业,按照系列方式制作复杂功能腕表的初始。百达翡丽 Ref.1518 的总产量仅有 281只,其中绝大多数为黄金材质,另有约 44 只为玫瑰金材质,仅有 4 只为不锈钢材质。由于百达翡丽 Ref.1518 不锈钢款的数量极少,且均产自二战期间,所以极具收藏价值。在 2016 年 11 月第四场日内瓦名表拍卖会上,一只不锈钢材质

的百达翡丽 Ref.1518 最终以 1100.2 万瑞士法郎 (约合 7500 万元人民币) 的高价成交。

设计特点

在腕表收藏领域,百达翡丽万年历计时腕表享有很高的声誉,自品牌创立至今 180 余年间,行业内可与之媲美者凤毛麟角。万年历结合计时,是一个了不起的创举,两种机制的整合意义远远超过单项功能。百达翡丽 Ref.1518 腕表的表径为 35 毫米,采用方形计时按钮设计,这让它更具绅士风度。12 点位置设星期月份双视窗,3 点位置和 9 点位置各设一个计时圈,6 点位置设月相盈亏和圆形日期显示。百达翡丽

Ref.1518腕表的表盘均呈银色，装饰珐琅测速计刻度，表盘背面镌刻完整机芯编号。银色的星期月份盘也以珐琅装饰，月相盘嵌饰蓝色珐琅和金质星星月亮。表壳采用三件式结构，配备内凹表圈和下沉式表耳。

百达翡丽 Ref.1518 腕表佩戴效果

百达翡丽 Ref.1518 腕表正面特写

百达翡丽 Ref.1527 腕表

百达翡丽 Ref.1527 是百达翡丽于 20 世纪 40 年代制作的腕表，具有万年历、月相、计时等功能。

背景故事

百达翡丽 Ref.1527 诞生于 1943 年，是百达翡丽较早的万年历、月相、计时腕表。2010 年 5 月，在佳士得日内瓦拍卖会上，一只玫瑰金版的百达翡丽 Ref.1527 以 570 万美元（约合 4000 万元人民币）的价格成交。

设计特点

从该表表面看，百达翡丽 Ref.1527 与一般的计时腕表并没有什么不同，但在它朴素的外表下，却具有双秒追针计时、陀飞轮、三问报时三大复杂功能。这款腕表采用 18K 玫瑰金表壳，直径为 37.6 毫米。

百达翡丽 Ref.2499 腕表

百达翡丽 Ref.2499 是百达翡丽于 20 世纪 50 年代开始制作的腕表，取代了百达翡丽 Ref.1518 腕表。

背景故事

百达翡丽 Ref.2499 腕表诞生于 1951 年，一直到 1985 年停产，其间共经历四代演变，一共制作了 349 只，大部分为黄金表壳，少数则为粉红金表壳或铂金表壳。第一代百达翡丽 Ref.2499 腕表由百达翡丽 Ref.1518 腕表演化而来。第二代百达翡丽 Ref.2499 腕表于 20 世纪 50 年代中期上市销售，此时距离百达翡丽 Ref.2499 腕表诞生也不过短短 4 年。第三代百达翡丽 Ref.2499 腕表产于 1960 年至 1978 年，约占整个型号制作周期的一半。由于数量最多，第三代 Ref.2499 腕表的收藏价值相对较低。第四代百达翡丽 Ref.2499 腕表产于 1978 年至 1985 年，最后阶段的产品采用了百达翡丽 Ref.2499/100 的编号。2012 年 11 月，一只铂金材质的百达翡丽 Ref.2499 腕表出现在佳士得拍卖会上，最终成交价达到 363 万美元。

设计特点

许多人都将百达翡丽 Ref.2499 腕表视作百达翡丽终极表款，因为它既有旧时代的优雅魅力，又有新时代的佩戴性能。第一代百达翡丽 Ref.2499 腕表的表盘、指针和计时按钮设计与百达翡丽 Ref.1518 腕表如出一辙。所有第一代百达翡丽 Ref.2499 腕表均配备方形计时按钮，镶贴阿拉伯数字时标，并装饰测速计刻度。第一代之后，百达翡丽 Ref.2499 腕表的设计发生了很大的变化，改为圆形计时按钮和棒状镶贴时标，另有阿拉伯数字镶贴时标。后来的第三代和第四代百达翡丽 Ref.2499 腕表，与第一代和第二代百达翡丽 Ref.2499 腕表区别较大，表盘上的测速计刻度和阿拉伯数字时标不复存在。从外观和材质上看，第四代百达翡丽 Ref.2499 腕表和前几代的主要区别在于其使用了蓝宝石水晶镜面。

百达翡丽 Caliber 89 怀表

百达翡丽 Caliber 89 怀表是百达翡丽为庆祝品牌成立 150 周年而特别制作的。

背景故事

1989 年，为庆祝品牌成立 150 周年，百达翡丽设计制造出 Caliber 89 怀表，并以之挑战制表工艺的极限。这款怀表产量仅有 4 只，第一个完成的是黄金款，而玫瑰金款、白金款和铂金款直到 9 年后方告完成。另外，百达翡丽还做了一只原型机芯，留在博物馆作为收藏品。百达翡丽 Caliber 89 怀表占据"世界最复杂怀表"的名号长达 25 年，直到 2015 年具有 57 项复杂功能的江诗丹顿 Ref.57260 怀表问世，百达翡丽 Caliber 89 怀表才正式卸任。在 2004 年安帝古伦拍卖会上，百达翡丽 Caliber 89 白金款以 512 万美元的价格售出。而百达翡丽 Caliber 89 黄金款曾分别于 2009 年和 2016 年出现在拍卖会上，但均以流拍告终。

设计特点

百达翡丽 Caliber 89 怀表的直径为 88.2 毫米，厚度为 41.07 毫米，重量为 1.1 千克。因拥有 33 项令人惊叹的复杂功能，并打破多项纪录，所以这款怀表甫一诞生就备受关注。就复杂性而言，百达翡丽 Caliber 89 怀表超越了百达翡丽亨利·格雷夫斯超级复杂功能怀表，它有 1728 个零件，其复杂功能包括万年历、双追针计时、天文显示（包括星图）、日出和日落显示、时间等式、月相盈亏显示，以及复活节日期显示等。

百达翡丽Caliber 89怀表与常见腕表尺寸对比

百达翡丽Caliber 89怀表上手效果

百达翡丽 Ref.5002 腕表

百达翡丽 Ref.5002 是百达翡丽于 21 世纪初制造的复杂功能计时腕表。

背景故事

2000 年 10 月，百达翡丽推出了当时构造最复杂的怀表之一百达翡丽 Star Caliber 2000，以 1118 个零件实现 21 项复杂功能，荣获 6 项专利。半年后，百达翡丽又成功以手表形式将其制成全新的复杂功能腕表百达翡丽 Ref.5002。因其极具技术复杂性和巧夺天工的设计，传闻在 180 位百达翡丽大师级表匠当中，只有两位能够制作这个型号。而这款令人着迷的巨作，年产量仅有两只，并只供百达翡丽顶级的顾客定制，每只售价高达 1760 万元人民币。

设计特点

百达翡丽 Ref.5002 腕表集陀飞轮、万年历、月历、闰年周期、星期、月份、日期、飞返、三问、苍穹图、月相及月行轨迹等复杂功能于一身。表径为 42.8 毫米，厚度为 16.25 毫米。表背的苍穹图清晰地显示出星体活动，北半球（或可选择南半球）的天空图以逆时针方向旋转，显示月相盈亏。中心两枚指针在 24 小时刻度面上显示恒星时间。利用椭圆形的线道可展现某一特定地点上可见的夜空范围。宝石玻璃显示盘有 279 个轮齿，不停运转以追踪月亮角形运行的情况，在小圆孔内显示月相盈亏。底盖内也设计了 24 小时恒星时间显示盘及金色椭圆线道，可欣赏某一地点上可见的天空范围。

百达翡丽 Ref.6002 腕表

百达翡丽 Ref.6002 是百达翡丽于 2013 年制造的复杂功能计时腕表，是百达翡丽 Ref.5002 腕表的后继款式。

背景故事

2013 年 5 月 29 日，百达翡丽在其日内瓦沙龙举办珍贵手工艺展，展出珐琅、金雕、木片镶嵌等手工艺作品，同时正式发布百达翡丽 Ref.6002 腕表，以代替停产的百达翡丽 Ref.5002 腕表。百达翡丽 Ref.6002 腕表采用与百达翡丽 Ref.5002 腕表相同的机芯，在机械技术上差别不大。

设计特点

作为百达翡丽 Ref.5002 腕表的升级版本，百达翡丽 Ref.6002 腕表在功能上大致与百达翡丽 Ref.5002 相同，同样有 12 项复杂功能。Ref.6002 的主要改变在于外形，一是采用雕花表壳，二是蓝色的万年历表盘采用掐丝珐琅和内填式珐琅制作工艺。表壳利用一块完整的白金原料雕刻，表冠的装饰不仅美观还有指示性。表盘由一块金质圆盘打造而成，清晰的轨道式刻度，以及表盘中心饰纹的边缘、视窗式日历显示和月相显示的边缘均由立体浮雕塑形。表盘中心区域则采用掐丝珐琅工艺，利用纤细扁平的金线紧贴表盘勾勒出图案轮廓，再以不同颜色的蓝色珐琅填充，之后在高温窑中烤制，色彩鲜艳且不褪色。

百达翡丽 Ref.5175 大师弦音腕表

百达翡丽 Ref.5175 大师弦音是百达翡丽于 2014 年为庆祝品牌成立 175 周年而推出的复杂功能腕表。

背景故事

百达翡丽的制表大师为这款独特的 175 周年纪念腕表,倾注了大量的心血。腕表的研发、制造和组装耗费 10 万多个小时,其中机芯零件的制造处理就耗费近 6 万个小时。这款腕表限量制造 7 只,其中 6 只出售给百达翡丽长期以来的忠实拥趸和收藏家,另外一只则在百达翡丽博物馆永久展出,供公众参观欣赏。若论复杂程度,百达翡丽 Ref.5175 腕表比不上百达翡丽于品牌成立 150 周年时推出的百达翡丽 Caliber 89 怀表,但是百达翡丽 Ref.5175 腕表的厚度仅有16.1 毫米,表径也仅有 47.4 毫米,两项指标都远小于百达翡丽 Caliber 89 怀表。

百达翡丽 Ref.5175 大师弦音腕表及其表匣

设计特点

百达翡丽 Ref.5175 腕表是百达翡丽首款不分正反面的双面腕表，即两面均可朝上佩戴：一面具有时间显示和自鸣功能，另一面则可专门显示瞬跳万年历。双面表径 47 毫米，内藏四个发条盒，具有不下 20 项复杂功能，包括大小自鸣、三问、带四位数年份显示的瞬跳万年历、第二时区以及在自鸣表领域开创先河的两项专利：报时闹钟以及按需鸣报日期。每枚机芯由 1366 个零件构成，每件表壳包含 214 个独立部件，因此每只百达翡丽 Ref.5175 腕表的零件总数达 1580 个。

百达翡丽 Ref.5175 腕表拥有专门的表匣，由印尼望加锡黑檀木以及 17 种其他名贵木材制作。表匣采用镶金处理和细木镶嵌工艺。除腕表之外，表匣内还附有一枚金质纪念奖章和相关资料，其中列出了品牌发展历史上的重要时刻以及 1932 年斯登家族入主百达翡丽以来历任总裁的肖像。

百达翡丽 Ref.5175 大师弦音腕表的机芯

百达翡丽 Ref.5175 大师弦音腕表佩戴效果

百达翡丽 Ref.6300A 腕表

百达翡丽 Ref.6300A-010 是百达翡丽在 Ref.5175 大师弦音腕表的基础上打造的限量版不锈钢"双面"腕表。

背景故事

百达翡丽 Ref.6300A-010 是百达翡丽专为唯一腕表慈善拍卖会特别打造的腕表，限量制作 1 只。这只腕表的特别之处是将表壳材质由贵金属换成了不锈钢，另外搭配收藏市场备受追捧的"三文鱼"颜色的表盘。在 2019 年 11 月举办的唯一腕表慈善拍卖会上，百达翡丽 Ref.6300A 以 3100 万瑞士法郎（约合 2.2 亿元人民币）的天价成交（无佣金），打破了由劳力士 Ref.6239"保罗·纽曼"迪通拿腕表在 2017 年创下的 1.3 亿元人民币的腕表世界拍卖纪录。

设计特点

百达翡丽 Ref.6300A 是百达翡丽第一只不锈钢自鸣腕表，表径为 47.7 毫米，搭载手动机械机芯，配备了可翻转表壳和双面表盘，具有 20 项复杂功能并包括至少 5 项报时功能，其中 2 项是百达翡丽在制表业开创先河的专利：闹钟鸣报以及可按需启动的日期鸣报。表盘正反面分别采用了玫瑰金色表盘与乌木黑色表盘，以雕饰巴黎钉纹点缀，辅以专利翻转装置，属于超级复杂功能系列。12 时位置的辅助表盘上还印有"THE ONLY ONE"字样，进一步提升了这只独特时计杰作的恒久价值。

百达翡丽 Ref.6300A 腕表佩戴效果

百达翡丽 Ref.6300A 腕表背面特写

江诗丹顿 "卡利斯泰" 腕表

江诗丹顿 "卡利斯泰" 是江诗丹顿于 20 世纪 70 年代制作的高级珠宝腕表。

背景故事

20 世纪 70 年代，江诗丹顿与法国设计大师雷蒙德·莫列联手，打造了 "卡利斯泰" 高级珠宝腕表。雷蒙德·莫列是西班牙绘画大师巴勃罗·毕加索的好朋友，也是一位著名的现代艺术家。"卡利斯泰" 之名取自希腊语，意思是 "至美之极"。这只腕表一共镶嵌了 118 颗上品蓝白方钻形切割钻石，单颗重量为 1.2~4 克拉，总重达到 130 克拉，据说江诗丹顿花了 5 年时间才收集到这些颜色、净度几乎一致的大颗钻石。此后，又花费了 6000 多个小时来制作 "卡利斯泰" 腕表。1979 年，"卡利斯泰" 腕表完工面世，售价 500 万美元，成为当时世界上最贵的腕表。

设计特点

"卡利斯泰" 腕表的表壳和链带取自一整块金锭，经工匠手工雕刻后将钻石嵌入其中。镶满宝石的表壳和手镯表链融为一体，激情张扬的特质尽显无遗。这只腕表以极其复杂的机械工艺著称，从表带、表盘到指针设计，机械精密运作，无一不体现着设计者的良苦用心。

江诗丹顿 Ref.85250 腕表

江诗丹顿 Ref.85250 是江诗丹顿于 2005 年制作的一款 18K 白金腕表。

背景故事

2005 年，江诗丹顿在其创建 250 周年之际，推出了一款纪念腕表——江诗丹顿 Ref.85250，限量生产 500 只，单只售价超过 100 万美元。江诗丹顿 Ref.85250 是极少数获得授权在表盘上镶嵌日内瓦印记（源自 1886 年制定的《日内瓦法则》，目的是保证钟表的原产地与工匠的技艺）的腕表，在腕表的表盘上的 4 点到 5 点之间可以清晰地看到 18K 白金日内瓦印记，可见这款腕表的制作工艺已经达到了顶尖水准。

设计特点

江诗丹顿 Ref.85250 腕表采用 18K 白金表壳，表径为 40 毫米，防水深度为 150 米。乳白色表盘搭配精钢指标和刻度，汇集了日期显示、星期显示等功能，整体看起来井然有序，充分体现出江诗丹顿制表的传统精湛技艺。这款腕表搭载江诗丹顿自产的 2475 SC/1 机芯，为腕表提供 40 小时的储存时长。精美的手工倒角打磨工艺在蓝宝石镜片下一览无遗。22K 金的自动摆陀优化了上链效率，同时打造了美妙绝伦的立体格菱纹饰。表带方面，配备了鳄鱼皮、精钢针扣表带。

江诗丹顿"卡利亚尼亚"腕表

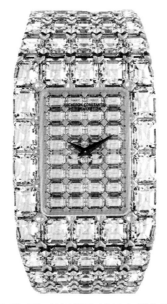

江诗丹顿"卡利亚尼亚"是江诗丹顿于2009年制作的高级珠宝腕表。

背景故事

2009年,为纪念旗下"卡利斯泰"腕表面世30周年,江诗丹顿推出了一只全新高级珠宝腕表,命名为"卡利亚尼亚"。这只腕表一共镶嵌了186颗祖母绿形切割钻石,总重约170克拉,在珠宝应用和克拉数量两方面都创下新的世界纪录。"卡利亚尼亚"腕表的定价高达500万欧元(约合4089万元人民币)。在西班牙马德里举行的"2009时尚珠宝大奖"颁奖典礼上,"卡利亚尼亚"腕表获得了"最佳珠宝表"的大奖。

设计特点

"卡利亚尼亚"腕表由白金雕刻而成的底托上镶有186颗祖母绿形切割钻石,这种复杂工艺要求制表师具有无比的耐心和毅力,唯有这样才能制作出如此绝妙、宛如艺术品的珠宝腕表。腕表上所使用的每一颗钻石都是万中之选,且通过瑞士珠宝协会的认证,其纯度、色泽、切工等都无与伦比。表壳与表链以完美的弧度融合,透露出流丽优雅的现代气息。该腕表搭载品牌自制的Calibre 1003手动上弦机芯,这种机芯非常轻薄,附有日内瓦印记(源自1886年制定的《日内瓦法则》,目的是保证钟表的原产地与工匠的技艺)。

▶▶▶ 江诗丹顿 Ref.57260 怀表

江诗丹顿 Ref.57260 是江诗丹顿于 2015 年推出的一款 18K 白金定制怀表。

背景故事

2015 年 9 月 17 日（2015 年的第 260 天），江诗丹顿在其品牌创建 260 周年之际发布了江诗丹顿 Ref.57260 定制怀表。这款怀表一经推出就打破多项世界纪录，成为 21 世纪新一代"表王"。其编号中的"57"是指这款怀表具有 57 项复杂功能，比百达翡丽 Caliber 89 怀表还多 24 项功能。"260"代表的是江诗丹顿品牌诞生 260 周年。江诗丹顿 Ref.57260 怀表的成功问世使钟表制造业获得了几项重要的全新复杂功能，在打造这款怀表的过程中所发明的研究技术成果，可以说对自 20 世纪 20 年代以来机械钟表技术的发展作出了卓越贡献。

设计特点

江诗丹顿 Ref.57260 怀表糅合了经典的制表工艺和 21 世纪的思维模式，共配备 57 项复杂功能，其中包括多项独一无二的全新功能，包括多种日历显示和双逆跳双秒追针计时装置等，这些功能没有先例可循，因此必须重新计算、设计和研发，一枚全新机芯也由此诞生。不仅如此，多项为人熟悉的复杂功能装置也经过改良、重新诠释和设计，以确保成品的和谐完整。其构思及打造不仅要求非凡的想象力，还需要高超的数学理解能力和精湛的技艺。

江诗丹顿 Ref.57260 怀表的正反面均采用了银质表盘，内置铝制指示转盘，小巧质轻，动力需求极小。平均时间表盘采用了规范式指针设计方式，在独立的指示圈内显示时、分、秒，这一设计灵感来自天文台和实验室内使用的精密校准钟。表圈采用 18K 白金打造，经过抛光处理，犹如镜面般闪亮。

江诗丹顿 Ref.57260 怀表多角度鉴赏

江诗丹顿 Ref.57260 怀表的机芯

劳力士 Ref.4113 腕表

劳力士 Ref.4113 是劳力士于 20 世纪 40 年代制作的一款钢质双追计时腕表。

背景故事

劳力士 Ref.4113 腕表诞生于 1942 年，一共制作了 12 只，从 051313 到 051324 连续编号。事实上，劳力士从未正式发售过劳力士 Ref.4113 腕表，而是将其赠予了相关的赛车手。考虑到劳力士 Ref.4113 腕表的尺寸，赛车手很可能身穿赛车服，外戴腕表；或者是由维修区的团队成员操作。时至今日，劳力士 Ref.4113 腕表已成为颇受青睐的古董腕表。在 2013 年 5 月 13 日佳士得拍卖会中，一只劳力士 Ref.4113 腕表以 1107750 瑞士法郎（约合 725.5 万元人民币）的价格成交。

设计特点

劳力士 Ref.4113 腕表是劳力士制表历史上第一款带有双追计时功能的腕表，也是当时劳力士功能最复杂的腕表，表径为 44 毫米。普通的计时功能腕表只能记录一段时间，而双追计时腕表能记录两段相差在 60 秒范围内的时间。双追功能在怀表上很容易见到，但是在腕表上却很少见，因为双追功能需要的零件太多，难以在空间狭小的腕表上实现完整的运动。劳力士 Ref.4113 腕表并没有采用劳力士的自产机芯，而是采用 Valjoux 55 VBR 机芯。与其他搭载 Valjoux 55 VBR 机芯的款型相比，劳力士 Ref.4113 腕表不仅增添了额外功能，表壳也相对较薄。劳力士 Ref.4113 腕表的中央按钮负责启动计时，2 点钟位置的按钮负责激活双追针，4 点钟位置的按钮负责重置计时。

劳力士 Ref.4113 腕表的机芯

劳力士 Ref.4113 腕表佩戴效果

劳力士 Ref.6062 "保大" 腕表

劳力士 Ref.6062 "保大" 是劳力士于 20 世纪 50 年代制作的一款腕表。

背景故事

劳力士 Ref.6062 腕表诞生于 1950 年，是劳力士第一款量产的自动三历月相防水腕表，也是劳力士最复杂的腕表之一。劳力士 Ref.6062 腕表有三种材质，即黄金、红金、不锈钢，一共制作了 1300 多只。其中，拥有钻石刻度的黑面腕表仅有 3 只，其中就包括第一任主人为越南末代皇帝保大的劳力士 Ref.6062 "保大" 腕表。保大于 1954 年在日内瓦购买了这只腕表。在 2017 年 5 月的日内瓦富艺斯钟表拍卖会上，劳力士 Ref.6062 "保大" 以 5060427 美元（约合 3525 万元人民币）的价格成交，成为当时最贵的劳力士腕表。

设计特点

劳力士 Ref.6062 "保大" 是一款黄金材质的三历月相腕表，采用蚝式表壳、黑色表盘和钻石时标，并在偶数时标位置镶嵌了钻石。表径为 36 毫米，搭载了劳力士专门研发的 Caliber 655 自动机芯。这枚腕表的月相采用金质底盘加蓝色内填珐琅，有一张生动的面孔。很少有月相表把月亮如此拟人化，眉毛、眼睛、鼻子、嘴巴虽然仅由寥寥几笔勾勒出，却足够传神。劳力士 Ref.6062 "保大" 的日历有五种语言备选。这五种语言包括法语、英语、德语、意大利语、西班牙语。

劳力士 Ref.1675 腕表

劳力士 Ref.1675 是劳力士于 1959 年制作的一款腕表，属于劳力士格林尼治型。

背景故事

劳力士于 1954 年推出第一代格林尼治型腕表劳力士 Ref.6542，当时是为了泛美航空机师们因航空时差所需而设计的。20 世纪 50 年代末，格林尼治型腕表改进为新的形态，也就是焕然一新的劳力士 Ref. 1675。这款腕表是劳力士历史上的畅销款型，从 20 世纪 60 年代一直大热至 20 世纪 80 年代。如今，劳力士 Ref. 1675 腕表的拍卖价格极高。2019 年 12 月，在富艺斯"游戏改变者"主题拍卖会上，一只曾属奥斯卡奖得主马龙·白兰度所有的劳力士 Ref.1675 腕表以 195.2 万美元（含佣金，折合人民币约 1400 万元）的价格成交。

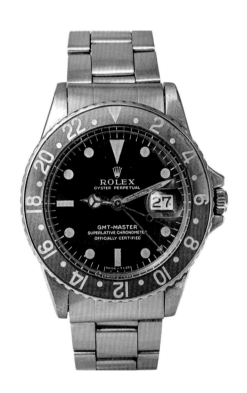

设计特点

劳力士 Ref.1675 腕表与上一代格林尼治型腕表的区别是表冠位置加入了护肩，表盘上加入"SUPERLATIVE CHRONOMETER OFFICIALLY CERTIFIED"（官方认证顶级天文台精密时计）字样，表面时标也有所加大。指针方面，在 20 世纪 60 年代保持较细的指针，后来则换成大型的三角指针。红蓝配色的"百事圈"一直是格林尼治型腕表的特征，劳力士 Ref.1675 腕表也不例外，直到 1970 年才有全黑表圈的版本推出。

劳力士 Ref.116233 腕表

劳力士 Ref.116233 是劳力士于 20 世纪 50 年代制作的一款腕表，属于劳力士日志型，公价为 8 万 ~9 万元人民币。

背景故事

1945 年，劳力士日志型 36 毫米腕表诞生。20 世纪上半叶，人们认为小表径的腕表更加儒雅绅士，所以 36 毫米表径的腕表最受欢迎。1950 年，日志型开始搭配劳力士特有的五铢链。到了 1957 年，日志型进一步改变设计风格，增加了劳力士专利凸透镜日历显示窗和"狗牙圈"（表圈上的齿状装饰）。历史上最经典、最具有辨识度的日志型由此诞生。劳力士设计团队认为全金的日志型容易磨损，而全钢的劳力士又过于朴素。为了解决上述问题，也为了能够俘获更多的中产消费

人群，劳力士开始在经典的日志型设计上增加了间金的设计，并且将这类日志型腕表统一划分为编号 Ref.116233。此后半个多世纪，日志型系列设计出了大量不同型号的腕表，但销量都未能超越劳力士 Ref.116233。自诞生以来，劳力士 Ref.116233 腕表已经售出几十万只。

设计特点

劳力士 Ref.116233 腕表代表了劳力士的精髓：简单可靠，坚如磐石。这款手表拥有标志性的"狗牙圈"和五铢链带，识别度极高。作为劳力士的看家技术，蚝式防水和自动上链机芯也没有缺席。劳力士 Ref.116233 腕表还设置了日历视窗，兼备天文台认证。

劳力士 Ref.6239 "保罗·纽曼" 腕表

劳力士 Ref.6239 "保罗·纽曼" 是劳力士于 20 世纪 60 年代制作的腕表，属于劳力士迪通拿系列。

背景故事

　　保罗·纽曼（1925 年 1 月 26 日—2008 年 9 月 26 日）是一名享誉国际的好莱坞巨星，代表作有《骗中骗》《金钱本色》等。除了演员这个身份之外，他还是一名赛车手。1968 年，保罗·纽曼的妻子乔安娜·伍德沃德为他购买了一只劳力士 Ref.6239 腕表，并在腕表的背面刻上了"DRIVE CAREFULLY ME"的字样，希望保罗·纽曼能够安全驾车。保罗·纽曼十分珍视这份礼物，他多年来一直佩戴这只腕表，直到 1984 年将它送给女儿埃莉·内尔·纽曼的恋人詹姆斯·科克斯。可惜，两人最终并没有步入婚姻殿堂。

　　劳力士 Ref.6239 初版是劳力士在 1963 年推出的，起初并不畅销，直到保罗·纽曼佩戴之后才开始流行。自此，凡是保罗·纽曼同款的劳力士 Ref.6239 腕表都被劳力士官方称为保罗·纽曼迪通拿。只不过保罗·纽曼佩戴过的那一只，表背上多了爱妻的刻字。2017 年 10 月，詹姆斯·科克斯将这只传奇的腕表交给纽约富艺斯拍卖行进行慈善拍卖，最终成交价高达 1550 万美元（加上买家佣金总计 1775.25 万美元，折合人民币 1.2 亿元），一举打破"史上最贵不锈钢腕表""史上最贵拍卖腕表""史上最贵的劳力士""史上最贵迪通拿"等世界纪录。

设计特点

　　劳力士 Ref.6239 最初搭载 Cal.722 机芯，表径 37 毫米。虽然跟动辄 48 毫米表径的当下潮流相差甚远，但在那个流行 31~33 毫米表径的年代，37 毫米的尺寸已经算是"庞然大物"了。而在三年后，劳力士给劳力士 Ref.6239 换上了全新设计的、名为"Exotic Dial"的表盘。这种表盘与迪通拿常见的标准表盘共有四处差异，最明显的区别就是在 3 点、6 点、9 点位置的计时小表盘内，刻度末端都加了个方块。

劳力士 Ref.6263 "蚝式白化" 腕表

劳力士 Ref.6263 "蚝式白化" 是劳力士于 20 世纪 70 年代制作的腕表，属于劳力士迪通拿系列。

背景故事

劳力士 Ref.6263 "蚝式白化" 迪通拿腕表于 1971 年问世，迄今为止只制作了 4 只。2015 年，美国音乐家埃里克·克莱普顿收藏的一只劳力士 Ref.6263 "蚝式白化" 迪通拿腕表以 132.5 万瑞士法郎（约合 145 万美元或 909 万元人民币）的价格拍出，为他赢得丰厚回报，因为短短几年前，他购入这只腕表的价格为 50.5 万美元。

设计特点

劳力士 Ref.6263 "蚝式白化" 迪通拿腕表的独特之处在于：计时功能子表盘（及小秒盘）不是黑底搭配白色印刷刻度，而是与表盘其他部分相同的银白色，这也是它得名 "白化" 的原因。在银白背景、黑色测速表圈的映衬下，子表盘的计时蓝钢指针越发鲜明。这枚腕表采用 Calibre 727 手动上弦机芯。

劳力士 Ref.16610LV 腕表

　　劳力士 Ref.16610LV 是劳力士于 2003 年推出的潜航者型 50 周年纪念版，俗称"绿水鬼"。

背景故事

　　劳力士于 1953 年推出的蚝式恒动潜航者型是世界上第一款防水深度达 100 米的腕表，自诞生以来一直是潜水腕表中的经典之作。作为劳力士专业腕表的主打款型，潜航者型为深海潜水和海洋探索开辟了新天地。随后，其适用范围从海洋延伸到陆地，成为运动腕表的象征。时至今日，这款腕表防水深度达 300 米，拥有多种款型。其中，劳力士于 2003 年推出的潜航者型 50 周年纪念版拥有极高的关注度，虽然不限量，但产量不高。这款腕表刚一上市就引发抢购，一些热卖地区甚至超公价销售，直到 2006 年价格才趋于正常。2010 年停产时，再度引发集中收藏热潮。

设计特点

　　劳力士 Ref.16610LV 腕表的绿色表圈非常醒目，与黑色表盘形成鲜明对比。表圈材质是铝合金，这意味着随着时间的流逝，它们会逐渐磨损，并随着年龄的增长而体现出自己独特的风格。这与现代耐磨损的陶瓷表圈不同。劳力士在不同的时间为劳力士 Ref.16610LV 制作了 5 种略有差异的表圈，这与色调和字体差异有关。劳力士 Ref.16610LV 的 Maxi 表盘具有更大的指针和刻度，进一步提高了可读性，也是向潜航者型的早期款型致敬。劳力士 Ref.16610LV 的表径为 40 毫米，厚约 13.5 毫米。这款腕表采用可靠的劳力士 3135 机芯，具有 48 小时动力储存。配有由 904L 不锈钢制成的空心蚝式表链，集成了劳力士 Glidelock 扩展系统。与所有现代潜航者型腕表一样，劳力士 Ref.16610LV 的防水深度为 300 米。

劳力士 Ref.116769 TBR 腕表

劳力士 Ref.116769 TBR 是劳力士制作的 18K 白金镶钻腕表，属于劳力士格林尼治 II 型。

背景故事

劳力士 Ref.116769 TBR 腕表于 2007 年发布。2018 年 9 月 1 日，劳力士官方发布了 2018—2019 年中国大陆的《参考价目表》，将所有在售款的官方公价进行了公示。其中，官方公价最高的一款便是劳力士 Ref.116769 TBR，高达 475.65 万元人民币。

设计特点

劳力士 Ref.116769 TBR 腕表镶有大量钻石，极其抢眼。表盘、表圈及链带镶上的白钻，总重量达 30 克拉。表圈及链带上的钻石以长方形切割整齐排列。表盘以波浪纹设计，镶上圆形切割的白钻。白钻闪耀人前固然是亮点，表壳及链带的用料也毫不马虎，以 18K 白金制成。表壳直径为 40 毫米，厚度为 13 毫米，防水深度达 100 米。劳力士自行研制的 3186 型自动上链机芯可提供 50 小时动力储存。除了传统的时、分、秒针外，还配有 24 小时指针以显示第二时区。3 点钟位置设有日历窗。

劳力士 Ref.116610LV 腕表

劳力士 Ref.116610LV 是劳力士于 2010 年推出的潜航者型腕表，由劳力士 Ref.16610LV 腕表改进而来，所以被称作新一代"绿水鬼"。

背景故事

劳力士 Ref.116610LV 腕表是劳力士 Ref.16610LV 腕表的后继款型，换装陶瓷字圈，不仅表圈为绿色，表盘也以绿色呈现。尽管已经问世 10 年之久，但劳力士 Ref.116610LV 腕表仍然供不应求，官方公价约 7 万元人民币，但二级市场售价已经超过 11 万元人民币。

设计特点

劳力士采用 904L 不锈钢来锻造劳力士 Ref.116610LV 腕表的表壳。904L 不锈钢广泛用于高科技、航空及化工工业，具备高抗腐蚀性。这种超合金不仅非常耐用，而且易于磨光，即使在极端的环境中，其美态依然不减。独树一帜的劳力士表盘，令腕表更易识别，读时更容易。钟点标记以持久亮泽的 18K 金制成。劳力士 Ref.116610LV 腕表采用完全由劳力士研制的 3135 自动上链机械机芯。机芯装配蓝铌游丝，有助于消除撞击及温度变化所带来的影响。劳力士 Ref.116610LV 腕表配备可防止意外开启的蚝式保险扣，以及无须使用任何工具便可轻松伸展的 Glidelock 带扣。即使穿着潜水衣，仍能体验稳定舒适的腕表佩戴感受。

劳力士 Ref.116610LV 腕表及其表匣

劳力士 Ref.116610LV 腕表佩戴效果

劳力士 Ref.116598 RBOW 腕表

劳力士 Ref.116598 RBOW 是劳力士制作的一款 18K 黄金镶钻腕表，属于劳力士宇宙计时型迪通拿系列。

背景故事

在 2012 年巴塞尔表展上，劳力士推出了第一代彩虹迪通拿，型号为 Ref.116598 RBOW，RBOW 为英文"rainbow"（彩虹）的缩写。这款腕表和常规贵金属版迪通拿的基础配置并无太大区别，机芯均使用劳力士自产的 Cal.4130 机械计时机芯。最大的不同之处在于将原本的数字测速外圈去掉，换成宝石圈，这些宝石颜色呈规律渐变形态，与彩虹类似。同时表壳表耳、护肩上镶嵌有圆形钻石。在经历短暂的生产以后，劳力士 Ref.116598 RBOW 腕表就停产了，主要是因为它所使用的渐变宝石很难凑齐，劳力士将宝石库存用完后不得不将其停产。劳力士 Ref.116598 RBOW 腕表的官方公价为 73 万元人民币。

设计特点

劳力士 Ref.116598 RBOW 腕表的表壳与表带都使用 18K 黄金锻造，在表圈上还有一圈手工切割的彩钻。钻石一直延伸到时标和表壳外部，一直到护桥还分布着一些零星的碎钻，这些钻石的重量加起来一共有 3.26 克拉。内部使用的是劳力士 Cal.4130 机械计时机芯，具有自动和手动两种上链方式，并具有飞返计时功能。

 宝珀 1735 腕表

宝珀 1735 是宝珀于 20 世纪 90 年代初制作的全手工机械表，属于宝珀巨匠系列。

背景故事

1991 年，宝珀在品牌六大经典杰作的基础上推出了一款超乎想象的新型腕表——宝珀 1735，它综合了陀飞轮、万年日历、三问报时、追针倒计时四项关键基本功能，并且机芯超薄（仅 11 毫米厚），还具备月相界面显示。宝珀 1735 作为当时功能最复杂的腕表，震撼了整个制表界。到 2009 年停产时，宝珀一共制作了 30 只宝珀 1735 腕表。其中最后一只于 2010 年售出，当时的售价达到 790 万元人民币。

设计特点

宝珀 1735 腕表由 740 个手工零件构成，每一只腕表都必须由一名制表师耗费一年半的时间制作。它综合了宝珀六大经典杰作的所有功能，包括超薄机芯、月相盈亏日历、万年历系统、双指针飞返计时系统、陀飞轮机械机芯、时刻分三问报时。超薄机芯充分表现出传统制表工艺的精粹；月相盈亏日历标志着制表技术与天文学的深厚渊源；万年历系统凭着四年自传一周的微型齿轮，可显示月份、星期、日期及月亮盈亏，就算遇上闰年依然准确无误；双指针飞返计时系统可度量岁月的流逝及计时；陀飞轮机械机芯是当今机械机芯的准确装置，可抵消地心引力对宝珀 1735 精确的影响；时刻分三问报时可按时、刻、分报时，是先进的制表工艺与冶金技术的完美结合，也是声学和动力学巧妙运用的成果。

宝珀X英寻腕表

宝珀X噚是宝珀于2011年制作的专业潜水腕表，产品编号为5018-1230-64A，属于宝珀五十噚系列。

背景故事

宝珀五十噚系列诞生于1952年。当时，宝珀总裁费希特根据自身潜水经验和需求推出一款腕表，命名为"五十噚"。在当时，五十噚（"噚"来自古英语，表示"伸展开的双臂"，因而一噚就是两臂之长，五十噚约合91.4米）被认为是潜水员所能下潜的极限深度。宝珀五十噚系列曾作为多国海军部队的制式装备，是唯一真正经过实战检验的现代潜水腕表。宝珀依托自身卓越的专利技术，创造了这一经典的表款，并以此为基础，设立了7项现代潜水腕表行业标准与规范，从此引领了世界潜水腕表研发的标准与风潮。而2011年问世的宝珀X噚则是宝珀五十噚系列的巅峰力作，它沿袭了初代宝珀五十噚腕表的经典特征，并被赋予了诸多首创发明，拥有多项世界领先的产品技术。宝珀X噚的公价为30.85万元人民币。

设计特点

作为专业潜水腕表，宝珀X噚不仅具有防水、稳健、抗磁、水下易读等特性，同时具有典型的单向旋转表圈、荧光显示、旋入式表冠，还创新性地配置了两个深度指示器、一个极限深度指针和一个5分钟倒计时器。另外，新材料的应用也是宝珀X噚大胆创新的体现，例如在压力传感器中采用了液态金属这种专利材料。液态金属是锆金属与其他四种金属混合，并经过一些热加工和冷却处理而成，与传统的膜片相比，它十分轻薄、坚韧，同时也不容易产生裂纹，拥有强大的抗永久变形特征，所以十分适用于深度测量。

宝珀 X 噿搭载 Cal.9918B 机芯。这种机芯是宝珀五十噿经典机芯 Cal.1315 的精进版，动力强劲，性能出众：机芯为自动上链，内置三个发条盒，可确保 5 天的动力储存；机芯配置的硅质摆轮游丝可有效抵消磁场干扰，此外还搭载了无卡度游丝摆轮体系，摆轮上镶嵌校时螺钉。

宝珀 X 噿表圈特写

宝珀 X 噿佩戴效果

宝珀 6656-3642-55B 腕表

宝珀 6656-3642-55B 是宝珀制作的一款 18K 红金全历月相腕表，属于宝珀经典系列。

背景故事

宝珀 6656-3642-55B 腕表于 2018 年问世，公价为 33.15 万元人民币。这款腕表属于宝珀经典系列，宝珀以品牌诞生地维勒雷，为这一经典系列命名。经典系列表款根植于宝珀品牌悠久的历史传统，代表着品牌根深蒂固的文化基础，体现出其精益求精的美学理念。简约的线条、明朗的表盘、精致的双表圈表壳演绎着经典优雅的精髓所在。

设计特点

宝珀 6656-3642-55B 腕表的表径为 40 毫米，表壳厚度为 11.1 毫米，表耳间距为 22 毫米，防水深度为 30 米。这款腕表采用 18K 红金表壳、圆形银白表盘、镂空柳叶形指针、蓝宝石水晶玻璃表镜和表背、深棕色短吻鳄鱼皮表带（内衬 alzavel 小牛皮），表冠和表扣也都使用了 18K 红金。此外，还有承袭 18 世纪古老制表传统的蓝钢蛇形指针，用于指示表盘内圈的日期。宝珀 6656-3642-55B 腕表配备 8 天长动力自动上链机芯，具有全历月相功能，月相显示窗口位于表盘 6 点钟位置。

宝珀 6656-3642-55B 腕表正面特写

宝珀 6656-3642-55B 腕表佩戴效果

宝玑 No.5 怀表

宝玑 No.5 是宝玑于 18 世纪末制作的怀表，并于 21 世纪推出了复刻版。

背景故事

宝玑 No.5 怀表由宝玑创始人阿伯拉罕 - 路易·宝玑专为法国圣米亚特伯爵制作，于 1787 年开始设计，直至 1794 年制作完成，当时售价为 3600 瑞士法郎。这只怀表最近一次公开亮相是在 2001 年 4 月纽约安帝古伦拍卖会上，以 115 万瑞士法郎（约合 777.9 万元人民币）的价格成交，购买者为斯沃琪集团主席尼古拉斯·海耶克。之后，海耶克决定以宝玑 No.5 怀表为蓝本复刻 5 只怀表，前 4 只均以 1500 万元人民币的价格售出，最后一只留在宝玑瑞士总部。此外，宝玑还以宝玑 No.5 怀表为基础研发了两只腕表，编号分别为 No.7137 和 No.3137，均与宝玑 No.5 怀表拥有同样的盘面设计。

设计特点

在阿伯拉罕 - 路易·宝玑开始设计宝玑 No.5 怀表时，曾计划使用大明火珐琅表盘。但在他逃亡瑞士的 4 年里，他接触到了一些同样逃亡瑞士的珠宝匠，从而接触到了珠宝设计中常在贵金属面（非宝石镶嵌面）所使用的玑镂刻花工艺。而阿伯拉罕 - 路易·宝玑见到了这种工艺以后，随他一起逃亡瑞士的宝玑 No.5 怀表就变成了他的实验品。宝玑 No.5 怀表也成为世界上第一款采用玑镂刻花表盘工艺的钟表作品。而这种工艺，后来也成为宝玑腕表的标配之一。

>>>>> 宝玑"玛丽·安托瓦内特"怀表

宝玑"玛丽·安托瓦内特"是宝玑于 19 世纪制作完成的一款怀表,编号为 No.160。

背景故事

1783 年,自立门户不到 10 年的阿伯拉罕-路易·宝玑已经是一位声誉卓著的制表师。当时,他接到一项说来简单却又不同寻常的任务——以最珍贵的材料制作一只结合所有复杂功能的怀表,不计时间与成本。据悉,这项要求是法国王后玛丽·安托瓦内特的一名警卫官提出的。这只编号为 No.160 的怀表是宝玑的终极杰作,然而无论玛丽·安托瓦内特王后,还是阿伯拉罕-路易·宝玑本人,都没能看到成品。玛丽·安托瓦内特王后在法国大革

命期间被处决,但阿伯拉罕-路易·宝玑并没有停止工作。他为这只怀表倾注了很多心血,但直到 1823 年 10 月去世也未竟全功,最终 4 年后他的儿子安东尼-路易·宝玑替父完成夙愿。时至今日,这只怀表的估值高达 3000 万美元(约合 2 亿元人民币)。

设计特点

宝玑"玛丽·安托瓦内特"怀表是当时制表行业的巅峰之作。这只怀表整合万年历、时刻分三问报时、时间等式和动力存储显示功能,可被视作最早的超卓复杂功能时计之一。此外,它还配备多项发明,包括金属温度计和铂金摆陀,正是阿伯拉罕-路易·宝玑率先打造出自动上弦的怀表。他为宝玑"玛丽·安托瓦内特"怀表制作了两个表盘,一个是传统的珐琅表盘,另一个是揭示怀表内在机制的水晶表盘。独特的血统、卓越的工艺、复杂的机芯和重要的意义,使这只怀表成为独一无二的传奇时计。

宝玑 No.2667 怀表

宝玑 No.2667 是宝玑于 19 世纪初制作的 18K 黄金怀表。

背景故事

宝玑 No.2667 是由宝玑创始人阿伯拉罕 - 路易·宝玑于 1814 年亲手制作的怀表。他当时认为，两个独立振荡的擒纵装置在极其靠近的空间中会相互影响。为了证实这一假设，他依据精密计时器的规范制作了宝玑 No.2667 怀表。这只怀表可以说是 19 世纪初瑞士钟表业紧密计时器制作的典范。宝玑 No.2667 怀表在日内瓦佳士得钟表拍卖会上，以逾 400 万瑞士法郎的价格成交，约折合人民币 2839.4 万元。

设计特点

宝玑 No.2667 怀表是一只极其罕见的 18K 黄金怀表，应用谐振原理制作而成，表壳超薄，造型精致优美。这件艺术杰作带有两个独立的表盘，其一采用阿拉伯数字时标，其二为罗马数字刻度。在这一只异乎寻常的怀表中，同时体现出宝玑对精致的美学理念和天才的创新能力的不懈追求。

爱彼 15400OR.OO.1220OR.01 腕表

　　爱彼 15400OR.OO.1220OR.01 是爱彼制作的一款 18K 玫瑰金自动上链腕表，属于爱彼皇家橡树型。

背景故事

　　"皇家橡树"是为纪念英格兰国王查理二世在英国内战中为躲避国会士兵追捕而藏身的一棵中空的橡树。后来"皇家橡树"的名称也常常用在战舰上，其中最著名的是 1916 年英国"皇家橡树"号战列舰（属"复仇"级），曾经参加日德兰海战。1972 年，爱彼钟表设计大师尊达以此战舰激发出的灵感设计出爱彼皇家橡树型。这款腕表彻底颠覆了制表的美学历史，成为史上首只采用精钢材质的高级腕表。凭借八角形舷窗表圈、格纹装饰表盘、一体式表壳以及坦克履带型表带等超前独特的设计，爱彼皇家橡树型受到人们的青睐。爱彼 15400 系列是爱彼皇家橡树型的代表款型之一，而爱彼 15400OR.OO.1220OR.01 腕表则是爱彼 15400 系列中的经典款式，公价为 40.2 万元人民币。

设计特点

　　爱彼 15400OR.OO.1220OR.01 腕表采用 18K 玫瑰金表壳，搭配经防眩光工艺处理的蓝宝石水晶玻璃镜面和底盖，以及旋入式表冠。表径为 41 毫米，表壳厚度为 9.8 毫米，防水深度为 50 米。黑色表盘镌刻大格纹装饰图案，搭配玫瑰金荧光立体时标和皇家橡树指针。表带同样采用 18K 玫瑰金，搭配 AP 字样折叠扣。

爱彼 26403BC.ZZ.8044BC.01 腕表

  爱彼 26403BC.ZZ.8044BC.01 是爱彼制作的一款 18K 白金镶钻腕表，属于爱彼皇家橡树离岸型。

背景故事

  皇家橡树系列是爱彼家族的主打表型，而皇家橡树离岸型更以其阳刚豪迈的运动气质而闻名。自 1993 年推出以来，皇家橡树离岸型就打破当时既定的设计规范，运用了充满神秘色彩的皇家橡树系列的设计元素，大有青出于蓝更胜于蓝之势。爱彼 26403BC.ZZ.8044BC.01 腕表是在售皇家橡树离岸型中公价最高的一款，每只高达 1277.2 万元人民币。

设计特点

  爱彼26403BC.ZZ.8044BC.01腕表是一款男士自动机械手表，一共有365个零件，镶嵌了 59 颗宝石，动力可以储备 50 个小时，防水深度为 20 米。18K 白金表壳镶嵌长方形切割美钻，表径为 44 毫米，表壳的厚度为 15.5 毫米，搭配经防眩光工艺处理蓝宝石水晶表镜与底盖，以及镶饰长方形切割美钻的螺丝锁紧式表冠和按钮。表盘和白金内表圈材质为 18K 白金，铺镶长方形切割美钻，搭配荧光黑色金质皇家橡树指针。表链同样采用 18K 白金，全镶长方形切割美钻搭配 AP 折叠式表扣。

>>>> 积家 Hybris Mechanica 55 腕表

大自鸣腕表　　　　　　　　球体形陀飞轮腕表

积家 Hybris Mechanica 55 是积家于 2009 年制作的一款套表，每组共有 3 只，包括大自鸣腕表、球体形陀飞轮腕表和三面翻转腕表。

背景故事

大师系列、翻转系列和双翼系列是积家最为经典的三个产品系列，被戏称为"积家三剑客"。2009 年，积家推出以三个系列为原型打造的三款超复杂手表——Hybris Mechanica 55。三款手表均是各自系列中最为复杂的款式，共具有 55 项复杂功能，总价值约 250 万美元（折合人民币约 1600 万元）。这三款卓越精湛的腕表于 2009 年至 2014 年制作了 30 组，2010 年 9 月开始交货。积家还为其配备了一个同样奢华的立式保险箱。保险箱可为腕表自动上链，并可将腕表的报时声音通过一套特殊的无线系统传递出来。

三面翻转腕表

设计特点

　　大自鸣腕表堪称时计工具翘楚之作，表盘由两部分构成，并配备一个窗口，用于观察大自鸣表的齿扒。这款腕表采用翻转变位的独特设计，通过其蓝宝石水晶玻璃表底盖，可以欣赏陀飞轮的运转以及音锤的曼妙舞姿。

　　球体形陀飞轮腕表的 177 型机芯配备了绕着双轴旋转的双框架陀飞轮，因此在所有三维空间的平衡摆轮中，可抵消因地心引力所带来的影响。在其以白金与钛打造的镂空表盘上，包含搭载四枚逆跳式指针的万年历，并有可由佩戴者调校至世界任何地区的时间等式功能。底座与顶端为蓝宝石水晶的双发条盒，内有长达 8 天的动力储备。

　　三面翻转腕表是三款腕表中造型最独特，也最具积家品牌基因的一款。这款手表完美汇集了 19 项复杂功能。包括平均太阳时、恒星时、黄道十二宫年历、天象图、时间等式以及可由佩戴者自行设置地点的日出／日落时间等。底盖盘面可显示逆跳式日期与月相万年历，并以其拥有专利的转换系统将其连接至机芯，可在午夜瞬间跳转。

宇舶 405.WX.9204.LR.9904 腕表

宇舶 405.WX.9204.LR.9904 是宇舶于 2018 年开始制作的 18K 白金镶钻腕表。

背景故事

在 2018 年巴塞尔表展上，宇舶与时尚品牌卡马龙展开跨界合作，前者推出了一款奢华的满钻陀飞轮腕表，后者则推出了一款颇具时尚质感的黑色鳄鱼皮飞行员夹克。宇舶推出的腕表编号为 405.WX.9204.LR.9904，公价高达 703 万元人民币。腕表还搭配了一款公文包，方便存放于保险箱。

设计特点

宇舶 405.WX.9204.LR.9904 腕表镶嵌 380 颗方形钻石，以鳞片状排列于表壳、表盘和表扣上。钻石的大小和形状布局经过精心设计，宛如鳄鱼皮纹理般精致而富有层次感。其中表盘镶嵌了 102 颗方形钻石（总重 4.3 克拉）。6 点钟位置设有透视视窗，可以尽情欣赏 HUB6016 陀飞轮机芯的韵律动作。手动上链机芯藏于 45 毫米直径的表壳中，拥有令人惊叹的 115 小时动力储存。表壳镶嵌 234 颗方形钻石（总重 7.6 克拉），鳄鱼皮表带上的表扣则镶嵌了 44 颗长方形钻石（总重 1.6 克拉）。

伯爵 G0A38028 腕表

伯爵 G0A38028 是伯爵制作的一款 18K 白金镶钻腕表，属于伯爵非凡珍品系列。

背景故事

伯爵非凡珍品系列秉持"超越极限、不断突破卓越的界限、给予无限惊喜"的制作理念，每款手表都是独一无二的创作精品，具有原创的镶嵌工艺、瑰丽的宝石、大胆的设计，并且搭载创新的复杂功能机芯。伯爵 G0A38028 腕表是伯爵非凡珍品系列中的代表款式，官方标价为 680 万元人民币。

设计特点

伯爵 G0A38028 是一款自动机械腕表，整体重量为 176.9 克。这款腕表搭载 Cal.530P 机芯，机芯直径为 20.5 毫米，厚度为 3.4 毫米，振频可以达到每小时 21600 次。机芯有 196 个零件，镶有 26 颗宝石，动力储备可达 40 小时，防水深度可达 30 米。表壳材质为 18K 白金，镶衬 429 颗圆形美钻和 80 颗方形美钻，表径为 38 毫米，表壳厚度为 9.9 毫米。表镜为蓝宝石水晶玻璃，表冠上镶衬着 72 颗方形美钻。表带材质也是 18K 白金镶钻。

芝柏蔚蓝类星体腕表

芝柏蔚蓝类星体是芝柏于 2020 年制作的限量版透明腕表，属于芝柏金桥系列。

背景故事

2020 年 8 月 1 日，芝柏在瑞士拉绍德封隆重推出蔚蓝类星体腕表。该类腕表都采用蔚蓝色蓝宝石水晶玻璃表壳，是对初版类星体腕表的全新演绎，也让人不禁想起芝柏于 1867 年打造的首个金桥系列表款。蔚蓝类星体腕表编号为 99295-43-002-UA2A，仅限量发售 8 只。腕表命名的设计灵感源自一种超亮天体，也就是类星体。

设计特点

蔚蓝类星体腕表的淡蓝色表壳由一整片蓝宝石水晶玻璃加工制作而成，表径为 46 毫米。借由通透的表壳及无色透明的蓝宝石水晶镜面，可将品牌自制的 GP09400-1035 自动上链镂空机芯看得更清楚明了，而且比一般无色的透明表壳更具视觉吸引力。过往表坛之所以不常见到透明表壳的原因在于蓝宝石水晶玻璃硬度高，加工相对困难。芝柏在蓝宝石水晶表壳的制作过程中强调以手工制作、上色、切割及抛光，一只表壳的整程平均甚至超过 200 个小时。

面盘6点方向的陀飞轮框架采用起源于19世纪的传统七弦琴状设计，除此之外，芝柏也将自身的标志设计——三金桥融入机芯结构。该陀飞轮装置共由80个零件组成，重量仅0.25克，轻量设计的好处在于能使能量消耗降低，增加了机芯的可用动力储存，三金桥陀飞轮的动力储存得以达到60个小时。

芝柏蔚蓝类星体腕表正面特写

芝柏蔚蓝类星体腕表佩戴效果

万国 IW504101 腕表

万国 IW504101 是万国制作的手动机械腕表，属于万国葡萄牙系列。

背景故事

万国葡萄牙系列诞生于 20 世纪 30 年代，其设计因独具匠心而堪称典范，不仅尺寸醒目独特，更饰有简约的阿拉伯数字时标、纤细的柳叶形指针以及铁轨式分钟圈。在当时，这一设计遥遥领先于时代。时至今日，万国葡萄牙系列的原创表盘以其明晰的布局与简洁的风格仍然引领时尚。而万国 IW504101 腕表是万国有

史以来制造的最为复杂的一款机械腕表，每只官方公价高达 600 万元人民币。

设计特点

万国 IW504101 腕表具有两种不同方式并列计时装置，腕表正面盘面所显示的时间为平均太阳时，也就是我们日常生活的计时时间，小秒针设于 9 点位置的球形陀飞轮装置上。设于 12 点位置的小表盘显示 24 小时恒星时，这是天文学家采用的计时系统。4 点到 5 点位置有动力储备显示，上满链，腕表可获得 96 小时动力储备。腕表背面盘面显示的是星空图，它显示的是在地球上特定的一个地点，所能观看的夜空星象。这个地点可以根据顾客的要求独立设置，所以不同的地点显示出来的星空图也是不同的。

万国 IW504101 腕表搭载万国自主研发的 94900 型手动上链机芯，由逾 500 个独立部件所组成，当中更包括基本机芯与天文模块。巧夺天工的恒动力陀飞轮，让观赏者可一探精细的摆轮装置内部结构。陀飞轮的框架及上半部均以钛金属制作。镀铑擒纵轮及镍银停摆夹板更以人手工倒角。

理查德米勒 RM 26-01 腕表

理查德米勒 RM 26-01 是理查德米勒于 2013 年推出的 18K 白金镶钻腕表。

背景故事

2011 年，理查德米勒在日内瓦高级钟表沙龙上推出理查德米勒 RM 026 陀飞轮腕表，被誉为高级钟表与高级珠宝的完美组合。2013 年，理查德米勒推出大熊猫图案的理查德米勒 RM 26-01 腕表，为 RM 系列珠宝时计又添一款新品。这款腕表限量发售 30 只，每只官方公价为 1937.1 万元人民币。

设计特点

理查德米勒 RM 26-01 腕表的陀飞轮机芯底板采用黑色缟玛瑙制成。缟玛瑙为一种带条纹的玉髓，属隐晶石英，主要成分为二氧化硅。这种宝石据说具有吸收负能量、使佩戴者宁心静气的作用。黑色的缟玛瑙因此被认为具有祛祟辟邪的特质，是和谐与灵气的象征。镂空表盘上端坐啃竹子的熊猫造型以 18K 白金打造，满镶钻石和黑色蓝宝石及陀飞轮。熊猫身边还装饰有几枝经过手工上色的黄金雕刻的竹子。

萧邦"帝国珠宝彩虹"腕表

　　萧邦"帝国珠宝彩虹"是于 2019 年萧邦制作的一款高级珠宝腕表，属于萧邦帝国系列。

背景故事

　　萧邦帝国系列最早于 20 世纪 90 年代推出，其设计灵感来自历史上的伟大帝国，以华丽庄严的现代线条，致献当今时尚女皇。"帝国珠宝彩虹"腕表是萧邦于 2019 年推出的帝国系列新作，分为灰色和白色两种款式，编号分别为 384242-5019 和 384242-5021。两种款式每只的公价均为 67 万元人民币。

设计特点

　　萧邦"帝国珠宝彩虹"腕表以 18K 玫瑰金精心制作，搭配白色或灰色的表盘及相应色系的皮革表带。表径为 36 毫米，18K 玫瑰金表壳完全铺镶钻石。18K 玫瑰金表圈犹如色彩瑰丽的彩虹，镶嵌各种渐变色调长方形切割蓝宝石，华丽呈现橙、黄、绿、蓝、靛、紫等各种颜色。缤纷色彩与表盘和谐交融：3 点、6 点、9 点及 12 点位置设罗马数字时标，与玫瑰金表壳相得益彰。其他时标镶嵌彩色长方形切割蓝宝石，与表圈色调交相呼应。表盘以白色或黑色大溪地珍珠母贝制成，宛如柔和的雨后云彩，与天边浮现的彩虹辉映。表盘中央镶嵌钻石圆圈，呈现帝国系列标志性的阿拉伯式涡卷花纹，其灵感来自昔日帝国的织物刺绣。表盘为佩戴者提供了精致的读时背景，衬托镂空剑形时针和分针。珍珠母贝的虹彩与闪烁宝石交相辉映，在表盘上呈现绮丽的光与色。

萧邦"帝国珠宝彩虹"腕表白色款侧面

萧邦"帝国珠宝彩虹"腕表白色款表背

第 3 章

世界名包

箱包，对于女性来说，是不可或缺的物品，更是女人的一大品位标志。名牌箱包的奢侈与顶级，不仅源自其本身的品牌、设计和内涵，更应该归功于那些使用它们的公众人物在聚光灯下显现的闪耀和自信。

知名品牌

◎ 爱马仕

　　爱马仕是法国的一个奢侈品品牌。1837 年由蒂埃利·爱马仕创立于法国巴黎，早年以制造高级马具起家，已有 180 多年的悠久历史。爱马仕拥有箱包、丝巾、领带、男装、女装和生活艺术品等 17 类产品系列以及新近开发的家具、室内装饰品及墙纸系列。

◎ 路易威登

　　路易威登是法国的一个奢侈品品牌。1854 年由路易·威登创立于法国巴黎，初期主要生产箱包。如今路易威登已经不仅限于设计和出售高档皮具和箱包，而是一家涉足时装、首饰、太阳眼镜、皮鞋、行李箱、手提包、珠宝、手表、腕表、名酒、化妆品、香水、书籍等领域的奢侈品巨头企业。

◎ 香奈儿

　　香奈儿是法国的一个奢侈品品牌。1910 年由可可·香奈儿创立于法国巴黎。香奈儿产品种类繁多，有时装、香水、彩妆、护肤品、鞋履、手袋、眼镜、腕表、珠宝配饰等。该品牌的时装设计具有高雅、简洁、精美的风格，在 20 世纪 40 年代就成功地将"五花大绑"的女装设计推向简单、舒适的风格。

◎ 博柏利

　　博柏利，也译为巴宝莉等。是极具英国传统风格的奢侈品品牌，始创于1856 年，创始人为托马斯·博柏利。博柏利凭借独具匠心的创新面料和开拓性的数字技术享誉全球，旗下产品包括时装、配饰、手袋、鞋履、香水、伞具及丝巾等。

◎ 古驰

　　古驰是意大利的一个奢侈品品牌。1921 年由古驰奥·古驰创立于意大利佛罗伦萨。古驰的产品包括时装、皮具、皮鞋、手表、领带、丝巾、香水、家居用品及宠物用品等。古驰时装一向以高档、豪华、性感而闻名于世，以"身份与财富之象征"品牌形象成为上流社会的消费宠儿，一向被商界人士垂青，时尚而又不失高雅。

◎ 迪奥

迪奥是法国的一个奢侈品品牌。由法国时装设计师克里斯汀·迪奥于 1946 年创立，总部位于巴黎。迪奥主要经营时装、配饰、香水、化妆品、童装等高档消费品。其男装品牌现已独立为迪奥男装。

◎ 普拉达

普拉达是意大利的一个奢侈品品牌。1913 年由玛丽奥·普拉达创立于意大利米兰。普拉达提供时装、皮具、鞋履、眼镜、手表及香水等产品，并提供量身定制服务。普拉达专注于提供最高品质的创新产品，其拥有的每一个品牌均极具创意，因此而品质卓越、自成一格。此外，普拉达还具有由独立设计、产品开发、营销团队创立及维持的个体性。

◎ 葆蝶家

葆蝶家是意大利的一个奢侈品品牌，也可译为宝缇嘉。1966 年由米歇尔·塔代伊及伦佐·曾吉亚罗在意大利维琴察创立。产品由最初的皮包扩展至服装、高级珠宝、眼镜、香水、家具及家居用品等不同领域。

◎ 芬迪

芬迪是意大利的一个奢侈品品牌。1925 年由阿黛尔·芬迪创立于意大利罗马，专门生产高品质毛皮制品。1955 年首次举行芬迪时装发布会。1965 年，由于卡尔·拉格斐的加入，芬迪逐渐增加了高级女装、男装、鞋靴、香水等品类。其后公司逐渐发展壮大，经营范围扩大到针织服装、泳装等品类，甚至开发了珠宝、男用香水等产品。发展至今，芬迪以其奢华皮草和经典手袋在世界高级时装界享有盛誉。

爱马仕"凯莉"包

　　爱马仕"凯莉"包是爱马仕于 1935 年推出的系列手袋，在时尚界拥有不可动摇的传奇地位。

背景故事

　　"凯莉"包诞生于 1935 年，原型是 1892 年爱马仕发布的一款为狩猎者设计的马鞍袋，当时名为"高位包"，是爱马仕皮具中最早的单品。1956 年，美国《生活》（Life）杂志封面上刊登了一张摩纳哥王妃格蕾丝·凯莉躲避记者镜头的照片。当时她拎着最大尺码、以鳄鱼皮制的高位包，半掩着她的孕肚，流露出她仪态万方的女性美。这张照片让"高位包"一夜爆红。1977 年，经摩纳哥王室同意后，爱马仕正式将"高位包"改名为"凯莉"包，向格蕾丝·凯莉王妃致敬。时至今日，"凯莉"包依然是爱马仕手袋中的"人气王"。

　　"凯莉"包最初问世只有3个尺寸，即35厘米、32厘米和28厘米。1968年，爱马仕首次推出20厘米的迷你款。到了1980年，40厘米"凯莉"包面世。加上25厘米和50厘米款式，如今"凯莉"包共有7个尺寸。根据材质、尺寸和颜色的不同，不同"凯莉"包的售价存在较大差距。由于购买全新"凯莉"包需要预定以及等待时间过长，所以拍卖会中二手价格超过全新原价的现象并不鲜见。同时，颜色越稀有的"凯莉"包越贵。例如，橙色"凯莉"包的流通价格超过13万元人民币，灰褐色"凯莉"包的平均拍卖价格高达15万元人民币。即便是较为常见的黑色"凯莉"包，二手均价也超过6万元人民币。

红色爱马仕"凯莉"包手提效果

设计特点

　　"凯莉"包是一种带有顶部提手的梯形包。它有两种不同的风格：塞利尔和罗图恩。区别在于构造，每种样式都赋予非常不同的外观。塞利尔外观正式，具有尖角，其接缝被缝合在一起，因此结构更加复杂，这也是它往往更昂贵的原因。罗图恩的外观更柔和、更休闲，更适合旅行。1970 年后所制作的"凯莉"包均有一个独一无二的标记印于皮革扣带内，当中纯字母代表工厂，之后为年份，最后是制作工匠的编号，若手袋需要维修时，便可根据有关编号交回负责的工匠处理。

　　同为爱马仕手袋中的经典款式，"凯莉"包常被人拿来与铂金包比较。"凯莉"包的外观略呈梯形，采用双带扣设计，附上短短的半圆形提把，并配备一根肩背带。而铂金包则是双提手，没有肩带，这是两者的主要区别之一。由于"凯莉"包的尺寸相对小巧，因此给人一种跟铂金包的随性大气不一样的优雅感。

黑色爱马仕"凯莉"包手挽效果

 爱马仕喜马拉雅铂金包

爱马仕喜马拉雅铂金包是爱马仕铂金系列手袋中的稀有款式。

背景故事

1974 年，时任爱马仕品牌主席的让·路易斯·杜马斯在飞机上遇到了法国女星简·柏金，当时刚做母亲的简·柏金向主席抱怨爱马仕"凯莉"包的袋身较窄，而且硬挺，不方便携带婴儿用品。所以杜马斯就在"凯莉"包的基础上进行改进，制造出了铂金包，其体积及容量都比"凯莉"包大。由于数量稀少，再加上高昂的价格，铂金包仅名门贵族、社会上流才能拥有。

30 厘米爱马仕喜马拉雅铂金包（附 18K 白金及钻石配件）

在爱马仕铂金包中，最为昂贵的一款就是爱马仕喜马拉雅铂金包。在香港佳士得 2017 年秋季拍卖会上，一只 30 厘米珍罕雾面白色喜马拉雅铂金包（附 18K 白金及钻石配件）拍卖出 294 万港元（约合 256.6 万元人民币）的天价。之所以能拍出如此高价，是因为爱马仕喜马拉雅铂金本就是爱马仕铂金包中的稀有款式，它需要极其复杂的染色工艺，才能把白色的鳄鱼皮染成渐变色。

设计特点

爱马仕喜马拉雅铂金包以尼罗鳄鱼皮制造，对鳄鱼皮的材质要求极高，必须采用 3 岁尼罗鳄的腹部皮，因为此时皮质方格规整，手感最软，最适合制作手提包。"喜马拉雅"并非指手提包的来源地，而是形容其精致的渐变色调。手提包的颜色由烟灰色演化成珍珠白色，仿佛喜马雅山脉雄伟的雪峰。每只手提包需要 3 张鳄鱼皮，其染色工序需时甚久，而颜色越浅，难度便越高。要染出雪白至岩灰的渐变色泽，

需要超卓的技巧和敏锐的慧眼。铂金包有 25 厘米、30 厘米、35 厘米、40 厘米、42 厘米等不同的尺寸。从基础版的普通五金款，到高级版的白金镶钻款，喜马拉雅铂金包无一不是拍卖行的抢手货。

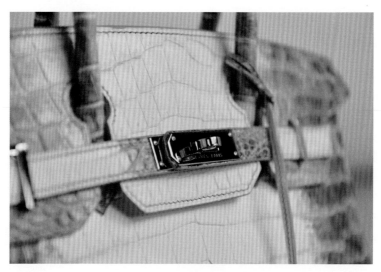

爱马仕喜马拉雅铂金包搭扣特写

爱马仕喜马拉雅铂金包手挽效果

爱马仕康斯坦斯包

18 厘米爱马仕牛皮康斯坦斯包

爱马仕康斯坦斯包是爱马仕于 1959 年推出的系列挎包，它与"凯莉"包和铂金包一起被认为是爱马仕最具影响力的三款包袋。

背景故事

爱马仕康斯坦斯包的名字源自其设计师凯瑟琳·沙耶。在 1959 年这款包袋第一次发售那天，凯瑟琳·沙耶的女儿出生了，于是她就以女儿的名字命名这款包袋。康斯坦斯包有醒目的大"H"卡扣和经典方包造型，因其产量小又被称为"最难买的爱马仕包"。制作一只康斯坦斯包需要一位爱马仕工匠花费 14~18 个小时独立完成，将近 50 个零部件组合在一起，才能制成一只完整的包袋。多年来，国外很多政界人士及时尚明星都将康斯坦斯包视为斜挎包首选，这也让康斯坦斯包的流通价格水涨船高。

设计特点

爱马仕康斯坦斯包是第一款将爱马仕"H"字母巧妙地应用在卡扣上的包袋，整体虽为长方形，四角却为圆弧状，翻盖柔软，侧围两折的结构伸展自如。肩带可自由调节，在两个扣环之间轻松地变换长度，可肩挎或手挽。H卡扣边角的弧线与翻盖紧密相连。康斯坦斯包主要有三种尺寸，即14厘米迷你款、18厘米常规款和23厘米加长款。

爱马仕康斯坦斯包采用的埃普索姆皮料是质地硬朗、表面有类似手掌细纹的牛皮，颜色比起其他皮料也要深一些，比较耐磨损，可归类到硬牛皮一类。当然也有少量款式采用鳄鱼皮、鸵鸟皮等非牛皮材质。总之，康斯坦斯包的皮料以制作传统爱马仕皮箱的硬皮革为主，其内衬多为羊皮材质。康斯坦斯包的卡扣五金几十年来一直是纯铜镀金材质，但近年来为了让其更不易褪色而改为纯铜镀钯金，个别款式则使用珐琅等材质。

18厘米爱马仕鳄鱼皮康斯坦斯包

23厘米爱马仕牛皮康斯坦斯包

爱马仕宝莱包

爱马仕宝莱包是爱马仕于 1923 年推出的系列包袋，在爱马仕的发展历程中具有里程碑式的意义，它几乎是爱马仕女士手袋王朝的象征和先行者。

背景故事

1837 年，爱马仕创立于法国巴黎，早年以制造高级马具起家。19 世纪后期，爱马仕精湛的手工艺已经获得贵族甚至王室的认可，并在第一次世界大战时为法国骑兵队供应马鞍，在马具同行中独领风骚。不过，随着汽车工业兴起，马车业逐渐衰退，爱马仕迫切需要转型。20 世纪 20 年代，爱马仕创始人蒂埃利·爱马仕的孙子埃米尔·莫里斯·爱马仕从加拿大拉链发明人处购得一项专利，并引入法国。埃米尔用拉链做了很多次尝试，最终通过与汽车品牌布加迪合作，研制出汽车旅行包，这便是爱马仕的第一款皮包——宝莱包。

设计特点

宝莱包的造型低调内敛、简单大气，时刻散发着典雅气质。它是世界上第一款使用拉链的包袋，包身上窄下宽，上半部呈弧形，线条柔美，而且不易磕损。包身配备两个手柄，以及可拆卸肩带，没有耀眼的五金配件，也没有复杂的裁剪。除了具有里程碑意义的拉链，宝莱包还设计了一个贴心的小细节，就是爱马仕经典锁扣，将拉链一拉到底，轻轻一锁，方便又防盗。此外，宝莱包正面缝着一片椭圆形的皮革，这一设计贴合了旅行包的用途，是为刻上顾客名字而预留的。

爱马仕琳迪包

爱马仕琳迪包是爱马仕于2007年推出的系列手袋，具有较强的实用性。

不同颜色的爱马仕琳迪包

背景故事

爱马仕的设计，每年都有不同的主题，2007年的主题便是舞蹈。这一年诞生的琳迪包，名字便来自1920年纽约黑人区兴起的舞蹈——林迪舞（摇摆舞的一种）。琳迪包的侧面颇有这种舞蹈生动的精髓。相较于铂金包和"凯莉"包的方正，琳迪包的柔软显得随性自然。凭借精美而时尚的优雅外形，以及与生俱来的奢华基因，琳迪包自面世以来就被众多明星潮人所追捧。牛皮材质的琳迪包每只售价约5万元人民币，鸵鸟皮材质的琳迪包每只售价超过10万元人民币，而鳄鱼皮材质的琳迪包每只售价则超过45万元人民币。

设计特点

爱马仕琳迪包主要有26厘米、30厘米和34厘米等尺寸，一般都是牛皮材质，而鳄鱼皮和鸵鸟皮材质的则属于限量款，常见色系有黄色、红色、绿色、蓝色、紫色、白色、黑色、灰色等。琳迪包的特别之处在于中间拉链部分开口是凹下去盖面，可调整包袋容量及大小，优雅中有种意想不到的幽默。琳迪包有两个独立的侧面，每一面都有自己的拉链拉环，可以用扭锁固定在中心。侧兜能收纳较多小物件，相当实用。肩带设计让琳迪包能有两种不同的背法，自由度颇高，大小可调节，年轻有趣。

路易威登 Keepall 旅行袋

路易威登 Keepall 是路易威登于 1924 年推出的系列旅行袋。

背景故事

　　路易威登 Keepall 旅行袋的历史可以追溯到 1892 年。当时，路易威登推出了一款名为 Sac De Nuit 的包袋，其名称完全描述了这款包袋的用途——皮质过夜包。这款包袋的特点就是有一个较大的水平开口，包身很宽，是一只重量很轻但容量很大的独立行李袋。最初这款包袋是一只放在轮船后备厢的配件。到了 1897 年，根据当时的客户定制需求，这款包袋演变成了全新的 Sac De Chasse 狩猎包。直到 1924 年，吻锁设计变成了拉链，才形成了特别受欢迎的路易威登 Keepall 旅行袋。路易威登 Keepall 旅行袋的流行，也标志着飞行时代的到来。相比于旅行硬箱，乘坐飞机的人更偏爱使用这种可以折叠的旅行袋。

设计特点

　　Keepall 的意思就是将所有的东西都装进去，是路易威登旅行袋系列中的经典款式。最初的款式只有牛皮搭配棕色帆布的材质，不装东西的时候方便折叠收纳，也不会太占位置。到 1959 年路易威登发展出防水又耐磨的花押字帆布后，路易威登 Keepall 旅行袋出现了花押字的款式。花押字是一种独特的混合了星形、菱形和圆形的组合图案，并配有 LV 徽标。除了常见的花押字款式外，Keepall 旅行袋的艺术家合作款也都非常精彩。

路易威登斯皮迪手袋

路易威登斯皮迪是路易威登于 20 世纪 30 年代推出的系列手袋，也是路易威登的标志性手袋。

背景故事

路易威登斯皮迪手袋的历史可以追溯到 1930 年，当时是以旅行箱包的身份首次面世，仅有 30 厘米一种尺寸，命名为"快捷"，设计灵感来自现代交通工具的迅猛发展和快节奏的日常生活。之后，这款手袋改名为"斯皮迪"。不过，该款手袋在很长一段时间内都反响平平。1965 年，作为路易威登品牌忠实老主顾的奥斯卡影后奥黛丽·赫本委托时任路易威登掌门人亨利·路易威登为身材娇小的她定制一款小号的斯皮迪手袋，并且希望这款手袋更便于携带收纳，于是再次加以改良的 25 厘米斯皮迪手袋诞生了。从此，25 厘米路易威登斯皮迪手袋成为这位极具时尚品位影后的长久伴侣。后来，为了满足不同身高女性的需求，路易威登又陆续推出了其他尺寸的斯皮迪手袋。

设计特点

路易威登斯皮迪手袋作为路易威登的经典入门款，设计简洁，实用性强，而且保值率高。路易威登斯皮迪手袋主要有 25 厘米、30 厘米、35 厘米、45 厘米、55 厘米和 60 厘米等尺寸，有普通款，也有限量款，选择范围非常广。在外观设计方面，路易威登斯皮迪手袋没有流行的波点、蕾丝和铆钉元素，但是它的经典之处恰恰在于不跟随任何潮流，而是要做潮流的主宰者。无论是街拍，还是应酬，路易威登斯皮迪手袋都能轻松胜任。

路易威登"卡皮西纳"手袋

路易威登"卡皮西纳"是路易威登于 2013 年推出的系列手袋。

背景故事

路易威登"卡皮西纳"手袋于 2013 年推出，得名于 1854 年路易威登在巴黎卡皮西纳街开设的第一家专卖店。这款手袋以低调简约的高质感设计，将路易威登的品牌特色发挥到极致。看似简单的路易威登"卡皮西纳"手袋，制作时需要超过 200 道工序。路易威登"卡皮西纳"手袋分为三种尺寸，除了中型和大型手提袋之外，迷你款更有肩背和手提两种功能，因出席不同场合的收纳功能与造型需求而设计。

设计特点

路易威登"卡皮西纳"手袋的外层以硬挺的小公牛皮打造强烈的线条及结构感，非常优雅大气。这款手袋有两个标志性的特征：一是美观又实用的单手柄设计，手柄两侧配有金属环扣，设计灵感来自路易威登高级珠宝系列；二是翻盖处醒目的"LV"交叉徽标。金属徽标先被包入公牛皮，再嵌入细粒面革上的底座中，体现出路易威登高超的制作工艺。

路易威登"卡皮西纳"手袋的翻盖暗藏玄机，其搭扣可以两用。如果将搭扣放在外面，可以露出路易威登经典的花押字四叶花元素。如果将搭扣放在内侧，则能露出"LV"交叉徽标。有的人喜欢大徽标，有的人则偏爱低调，而路易威登"卡皮西纳"手袋能满足两类人的不同需求。

路易威登"城市汽船"手袋

路易威登"城市汽船"是路易威登于 2015 年正式推出的女性手袋。

背景故事

从 1910 年起，豪华游轮旅行开始流行。当时的大型邮轮就像是海上的豪华宫殿，是特别受贵族阶级追捧的旅行度假工具。为此，路易威登推出了一款结合过夜袋和洗衣袋的旅行箱附件——汽船手袋，这款包袋的名字受到蒸汽动力班轮的启发。路易威登"城市汽船"手袋采用帆布材质，能够折叠，既轻便又容量大，还可以将脏衣服、干净衣服分开放置，占用空间小，出门携带非常方便，很快就在上流社会流行。可以说，路易威登"城市汽船"手袋彻底颠覆了手持行李产业，为后来的运动手提袋设计奠定了基础。

时至今日，路易威登仍在销售男款"城市汽船"手袋，而女款则经过重新设计改造于 2015 年 12 月正式推出全新的"城市汽船"手袋。多种型号、材质优良及配色醒目，令其成为优雅独立的现代女性的必备单品。另有汽船钱夹与之相配，优雅时尚且极富功能性。目前，路易威登推出的最贵的一款"城市汽船"手袋，每只售价高达 5.5 万美元（约合 35 万元人民币）。

设计特点

路易威登"城市汽船"手袋温婉内敛，是一款名副其实的城市手袋，它保留了品牌经典的雕刻锁扣、行李牌、LV 圆形标志，同时加入了新颖设计元素，既可用于旅行，也可用于商务场合，宽敞的内部空间能轻松容纳各类文件资料，非常适合那些事业与生活兼顾的成功女性。路易威登"城市汽船"手袋女款有中型和大型两种尺寸，可提供肩背和手提两种功能。在令人注目的外形上，从优雅纯色到强烈的撞色组合都没有缺席，使这款适合工作使用的手袋摆脱了平淡的印象，让女性在展现专业的同时也展现出自信的魅力。

>>> 香奈儿 2.55 口盖包

香奈儿 2.55 口盖包是香奈儿于 1955 年推出的系列手袋。

背景故事

香奈儿 2.55 口盖包于 1955 年 2 月诞生，所以被命名为 2.55。当时，香奈尔创始人可可·香奈儿大胆地将菱格纹用作装饰添加到手袋设计中，推出了这款双面纬向菱格纹包。由于开创性的便携式设计和独特考究的做工，这款手袋迅速成为一种全新的优雅精致生活姿态的象征。每只香奈儿 2.55 口盖包要经过剪裁、贴合、缝纫、再剪裁、拼接、装上拉链、镶嵌扣眼等一系列工序，除了皮革与内衬的切割以机器完成外，其他步骤都需要多位工人手工完成。目前，香奈儿 2.55 口盖包的售价为 4.89 万元人民币。

设计特点

20 世纪 50 年代初，女用包袋都是没有肩带的手腕包，而香奈儿 2.55 口盖包是当时奢侈品领域里第一款有肩带设计的包袋。据说金属链条的设计由来是可可·香奈儿生活的孤儿院会将孩子的腰部用金属链条交叉锁住，所以她在设计香奈儿 2.55 口盖包的肩带时也使用了金属链条。香奈儿 2.55 口盖包共设置了 3 个内层口袋，最小的一个专门用来放口红，如此考究的细节设计在当时还很罕见。精致细密的绗缝针脚，凹凸有致的菱格纹，与 5 号香水、山茶花、珍珠项链和黑色小礼服一起，成为香奈儿永恒的标识之一。

香奈儿经典口盖包

香奈儿经典口盖包是香奈儿于 1983 年推出的系列手袋。

背景故事

1983 年，德国著名服装设计师卡尔·拉格斐加盟香奈儿后，对香奈儿 2.55 口盖包的设计进行了少量改动，推出了香奈儿经典口盖包。这种设计方式改变了香奈儿 2.55 口盖包古银色的金属链条与方扣，加上了全新设计的穿皮链条，以及香奈儿的双 C 徽标。如果说香奈儿 2.55 口盖包让人感觉到古典和神秘，那么香奈儿经典口盖包给人的感觉就是年轻与优雅，更符合现代女性的审美观，所以获得很多人的喜爱。按尺寸和材质的不同，香奈儿经典口盖包的单只售价从 4.45 万元到 6.87 万元人民币不等。

设计特点

香奈儿经典口盖包的主要特点是穿皮链条、菱格纹、双 C 转扣和翻盖式开口。这款包袋有多种尺寸，包括 23.5 厘米、26 厘米、30 厘米、32 厘米等。除了最受欢迎的小羊皮面料外，还有很多材质可供选择，包括鱼子酱压花小牛皮、漆皮牛皮、鳄鱼皮和蟒蛇皮等。这款包袋颜色绚烂，有黑色、紫色、蓝色、黄色和其他季节流行色彩。

》》》 香奈儿 Le Boy 口盖包

香奈儿 Le Boy 是香奈儿于 2011 年推出的系列手袋，具有中性、帅气、勇敢、独立自主的风格，而这正是可可·香奈儿的人生态度，是她的精神化身，也是可可·香奈儿关于爱情的印记。

背景故事

香奈儿 Le Boy 口盖包由卡尔·拉格斐设计，于 2011 年 9 月首次推出，最初的外观像一本厚厚的硬壳书，非常复古。2012 年，卡尔·拉格斐又对香奈儿 Le Boy 口盖包进行了修改和调整，更加被大众所接受和喜爱。2015 年，香奈儿推出了带手柄的香奈儿 Le Boy 口盖包。2019 年，又推出了竖版香奈儿 Le Boy 口盖包，使其更加活力十足。

Le Boy 的名字有两层含义。首先，可可·香奈儿是由底层社会进入上层社会的，没有钱装扮自己，没有华丽的衣裳，有时候只能穿男装衬衣、粗花呢西装和马裤，渐渐形成了她独特的带有男孩子气的风格。其次，可可·香奈儿一生的挚爱阿瑟·伯邑·卡伯，名字中也带有 "Boy"。

设计特点

香奈儿 Le Boy 口盖包的包型设计灵感，来自可可·香奈儿年轻时候使用的狩猎弹夹。不同于香奈儿之前的包袋，香奈儿 Le Boy 口盖包拥有自己的锁扣设计，双 C 徽标浮刻在黄铜弹簧按扣上，让人联想起了古老的书籍或者装满行李的复古旅行箱，别有一番韵致。粗犷的链条拼皮肩带，也是香奈儿 Le Boy 口盖包的一大特色。链条穿过包身上方两侧的金属环，与包身连接。香奈儿 Le Boy 口盖包的内部结构极为简单，方方正正，可谓率性十足。香奈儿 Le Boy 口盖包主要有三个尺寸，小号尺寸为 20 厘米 ×13 厘米 ×7 厘米，中号尺寸为 25 厘米 ×16 厘米 ×9 厘米，大号尺寸为 30 厘米 ×22 厘米 ×9 厘米。

香奈儿"加布里埃尔"手袋

香奈儿"加布里埃尔"是香奈儿于 2017 年推出的系列手袋。

背景故事

　　香奈儿"加布里埃尔"手袋是卡尔·拉格斐在 2017 年春夏高级成衣系列发布会上推出的新款手袋，以更为前卫的手法向香奈儿创始人致敬，包名取自可可·香奈儿的本名。包身设计集合了香奈儿手袋特有的美感与实用性，有别于过往包款，令人耳目一新。香奈儿"加布里埃尔"手袋有五种尺寸，包括两种大号、标准尺寸、小号和 WOC（小链条包）。

设计特点

　　香奈儿"加布里埃尔"手袋的灵感来源于欧洲绅士们骑马时的望远镜套，整体采用拼接皮质，结合 AR 智能眼镜造型，再加上香奈儿经典的菱格纹，经典复古又具有时代特色。香奈儿"加布里埃尔"手袋最经典的颜色就是黑白拼色，也是最早推出的颜色。

　　香奈儿"加布里埃尔"手袋最有趣的地方，在于一只包袋多种背法。它传承了香奈儿 2.55 口盖包的细链条元素，又加入了可调式肩带，配以金色和银色双重皮穿链，这一原创设计赋予其单肩背和斜挎两种背法，还可以两相结合：先将链带挂在一侧肩头，再将另一边斜挎。三种背法可根据喜好、场合或心情随时切换。柔软细腻的包身与硬朗挺括的包底组合成了鲜明对比的新型结构，而这样的设计也更增加了这款手袋的实用性。

香奈儿 31 手袋

香奈儿 31 是香奈儿于 2018 年推出的系列手袋。

背景故事

香奈儿 31 手袋是继经久不衰的香奈儿 2.55 口盖包之后又一款以数字命名的包袋。根据卡尔·拉格斐的说法，"31"是对法语谚语"se mettre sur son 31"（意为盛装打扮）的巧妙借用。因为在法语当中，"31"跟"trentain"发音相似，而 Trentain 是一种由上等丝线制成的华丽呢绒布料，于是法国人就把这句谚语形容为穿着华丽、打扮完美的意思。另外，"31"也代表了可可·香奈儿巴黎寓所的门牌号码（康朋街 31 号）。

设计特点

轻便、实用、大气是香奈儿 31 手袋鲜明的标志。独特的轮廓线条、柔软构造以及多种携带方式，令香奈儿 31 手袋可以根据需要折叠成不同的形状。它可以用手柄提握，也可以像晚宴包般折叠，还能斜挎肩背。从淡粉红到正红、珊瑚色、电光蓝等，拥有一系列鲜明色彩。香奈儿 31 手袋有皮革、帆布或斜纹软呢等材质可供选择，大气的造型搭配菱格纹设计，极为引人注目。

香奈儿 19 口盖包

小羊皮材质的大号香奈儿 19 口盖包

香奈儿 19 口盖包是香奈儿于 2019 年推出的系列手袋。

背景故事

香奈儿 19 口盖包由卡尔·拉格斐和香奈儿新任总监维尔日妮·维亚尔共同设计。数字 19，代表着香奈儿 19 手袋诞生的年份为 2019 年。命名方式如可可·香奈儿于 1955 年 2 月创作的香奈儿 2.55 口盖包。香奈儿 19 口盖包按尺寸和材质的不同，单只售价从 3.38 万元到 4.45 万元人民币不等。

设计特点

香奈儿 19 口盖包融合了香奈儿的众多经典元素，包括菱格纹、链条背带和双 C 徽标等。菱格纹车线已经成了香奈儿包袋的标志，结合皮革的链带更是品牌独家的经典。过去细致的链带背带这次采用消光、粗犷的双色设计，结合皮革缝制的链带可肩背及侧背使用，也可当成提把使用。双 C 徽标是很多人心目中的最爱，而香奈儿 19 口盖包将它变成了包袋上的金属扣饰。香奈儿 19 口盖包有三种规格，大号尺寸为 36（长）厘米 ×25（高）厘米 ×11（厚）厘米，中号尺寸为 30 厘米 ×20 厘米 ×10 厘米，小号尺寸为 26 厘米 ×16 厘米 ×9 厘米。包身材质有羊毛斜纹软呢、双面剪毛绵羊皮、山羊皮、小羊皮、针织、印花真丝、牛仔布等。

山羊皮材质的香奈儿 19 口盖包

双面剪毛绵羊皮的香奈儿 19 口盖包

牛仔布材质的香奈儿 19 口盖包

博柏利 TB 包

博柏利 TB 包是博柏利于 2018 年推出的系列挎包和腰包。

背景故事

2018 年，意大利著名设计师里卡多·提西成为博柏利新任创意总监。他以博柏利创始人托马斯·博柏利的姓名字母缩写"TB"为创作灵感，推出了入职后的第一款包袋——博柏利TB 包。这款包袋将 TB 金属搭扣作为包身最醒目的设计元素，搭配简约利落的廓形和风琴褶结构，推出后很快风靡整个时尚界。除了最经典的黑金

博柏利 TB 挎包

配色，还推出了拼色皮革、印花、宝石镶嵌 TB 扣等超过 10 个款式。多数款式的单只售价为 2.25 万元人民币。

设计特点

博柏利 TB 包的 TB 金属搭扣不仅具有锁扣的作用，也是整只包袋上的点睛之笔。每个金属搭扣都在意大利手工制作完成，经过细致抛光打磨，平滑光亮。搭扣采用双层构造，完整的 TB 标识固定在包盖外侧，打开后可将翻盖开启，露出内侧 B 字母磁吸扣。磁极隐藏在 B 字母的镂空部分，关上包盖后平整闭合，同时又起到双保险的作用。

博柏利 TB 包采用双层风琴褶结构，光滑小牛皮搭配柔软羔羊皮里衬，具有一定的延展性，能够适当扩大内部容量。皮革经过鞣制工艺处理，色泽更加光亮持久。边缘进行手工漆边，使包袋更加硬挺有型。内部为双层隔间设计，背侧有一只拉链平贴口袋，前部小隔间可以收纳卡片、钥匙等贴身物品，或者将手机放入其中便于拿取。

博柏利 TB 腰包

博柏利贝尔特包

不同尺寸和配色的博柏利贝尔特包

博柏利贝尔特包是博柏利于 2018 年推出的系列手袋，适合需要大容量，以及商务办公的女性使用。

背景故事

博柏利贝尔特包是博柏利在 2018 年 2 月推出的一款全新设计的包袋，其灵感源自博柏利品牌标志性战壕风衣的廓形。博柏利贝尔特包最大的特色是包身有一根皮带，因此也被很多人戏称为"皮带包"。这款包袋有小号、中号和大号三种尺寸，单只售价分别为 1.55 万元、1.79 万元和 2 万元人民币。

设计特点

博柏利贝尔特包承袭博柏利战壕风衣的经典元素，外观受风衣翻领轮廓与经典嘎巴甸面料的柔软触感的影响，超大尺寸的背带则是战壕风衣腰带带来的灵感。贝尔特包有 10 余种配色，包括两种和三种颜色的组合，搭配撞色内衬与皮带。值得一提的是，皮带反面的颜色与内衬的颜色相同，这种巧妙的细节设计颇为动人。

>>>> 博柏利格雷丝包

博柏利格雷丝包是博柏利于 2019 年推出的系列挎包。

背景故事

　　与博柏利 TB 包一样，博柏利格雷丝包也是里卡多·提西加入博柏利后推出的包袋之一，是博柏利新一代的包袋中较为低调的一款，外观方方正正，整体简约大方却并不单薄，颇具文艺气质。博柏利格雷丝包曾连续几季出现在博柏利时装秀 T 台上，足见博柏利对它的重视。博柏利格雷丝包将是博柏利的主推包款，有大号、小号和迷你款式，单只售价均在 1 万元人民币左右。

设计特点

　　博柏利格雷丝包的英文名称意为优雅，而它确实做到了包如其名，无瑕的小牛皮包面将优雅放大到了极致。方方正正的包型是对几何美学完美的诠释。包身去掉了一切多余的装饰，只留下了并不算显眼的博柏利徽标和霍斯弗利印花（霍斯弗利是博柏利伦敦总部的所在地）。包身外层和装饰均采用小牛皮，内衬则采用羔羊皮，搭配亮泽金属配件，顶部翻盖采用磁扣开合。博柏利格雷丝包采用可调可拆式斜背带，可作为斜背包，或卸下背带变为手拿包。

古驰竹节包

古驰竹节包是古驰于 1947 年推出的系列手袋。

背景故事

古驰竹节包诞生于 1947
年，当时第二次世界大战刚
刚结束，欧洲各国仍旧实行
资源配给。由于物资和材料
并不丰裕，奢侈品业需要找
到突破口。古驰发现意大利
政府允许从日本进口竹子，
于是古驰的能工巧匠就把竹
节拿来做手袋的材料。古驰
竹节包的首次亮相于著名影
星英格丽·褒曼主演的电影
《意大利假期》，这让它一
炮而红，无数的国际明星和
名流相继成为古驰竹节包的
拥趸。

设计特点

古驰竹节包对细节和品质的要求非常严格。竹节手柄所用的竹子全部由日本进
口，每只竹节包由 140 个大大小小的部件组成，全由古驰在意大利佛罗伦萨的工匠
花费 13 个小时纯手工制造完成。竹节需要工匠不断地手工弯曲以求最完美的弧度，
之后还会喷上特定的喷漆，呈现美妙的光泽度。这样的工序，让每个人买到的古驰
竹节包都是独一无二的。

古驰竹节包的整体设计比较简约大方，没有做过多的装饰，采用锁扣开合的设
计，由竹节打造的锁扣看上去很有特色。这款包袋采用 BOX 皮质，其光泽度和手感
都不错，而且会越用越亮，就算频繁使用后也不会褪色。为了方便携带，古驰竹节
包还配有一条可以拆卸的皮质肩带。

>>> **古驰酒神包**

古驰酒神包是古驰于 2015 年推出的系列手袋。

背景故事

古驰酒神包是由古驰首席设计师历山德罗·米歇尔于 2015 年推出的全新系列，其设计灵感来自狄俄尼索斯（希腊神话中的酒神）的故事：传说中狄俄尼索斯变作老虎，带着一位年轻的少女穿越底格里斯河，但神与凡人的爱情终有结束。古驰酒神包上弧形的双虎头搭扣既是经典设计，也寓意着一段美丽却不圆满的爱情。按尺寸和材质的不同，古驰酒神包的单只售价从 0.62 万元到 2.54 万元人民币不等。

设计特点

古驰酒神包的设计简单大方，其标志性特征就是包身正面中央那枚精致迷人的双虎头搭扣。包身上窄下宽，有着当代流行艺术的简洁大方，同时又富有鲜明的层次感。古驰酒神包以链条式挎包为主，且链条可以调节长度。尺寸方面，古驰酒神包有 16.5 厘米、20 厘米和 28 厘米三种选择。材质方面，古驰酒神包大多采用高级人造帆布，也有小山羊皮、蟒蛇皮和鳄鱼皮等高端材质。

古驰塞尔维包

古驰塞尔维包是古驰于 2016 年推出的系列手袋。

背景故事

古驰塞尔维包第一次面世是在古驰 2016 年春夏大秀上，同时也是亚历山德罗·米歇尔上任后，古驰重新推出的当代款式之一，使品牌著名的织带纹饰再次表现出创新与创意。古驰塞尔维包的名字有两个来源。"sylvie"来自拉丁语，在法语中是"森林"的意思，也代表勇于展现自我，拥抱多元的世界。另一个来源则是一位走红于 20 世纪 60 年代影坛乐坛的双栖女艺人塞尔维·瓦丹，她是 20 世纪 60 年代具有世代文化与时尚影响力的女性，美丽富有、冷静又聪明，她的时尚态度影响了当时的年轻女性。按尺寸和材质的不同，古驰塞尔维包单只的售价从 0.84 万元到 2.65 万元人民币不等。

设计特点

古驰塞尔维包的外形是充满结构感的梯形，衬以古驰品牌经典的马鞍织带，招牌金属链条采用特制的旋转扣头，而背带则选择柔软的织带，兼具女人的刚强以及女孩的优雅。古驰塞尔维包采用了古驰标志性的条纹织带。古驰的红绿条纹元素设计灵感最早来自将马鞍固定在马背上的帆布织带。三色织带加金属环扣垂直下来的锁扣设计，是古驰塞尔维包的标志。古驰塞尔维包的背带是可替换的，缎带和宽背带可以搭配出不同的风格。古驰塞尔维包的锁扣很特别，类似腰带扣的锁链只是装饰性的，下方印有古驰徽标的矩形才是真正的锁扣。古驰塞尔维包的衬里是超细纤维，类似麂皮，不仅时髦，手感也很舒适。

迪奥女士包

迪奥女士包是迪奥于 1995 年推出的系列手袋，也被称为戴妃包。

背景故事

1995 年，黛安娜王妃赴巴黎为保罗·赛尚的画展开幕剪彩，法国第一夫人想以一只最能彰显法式优雅以及符合王妃品位的包款作为礼物献给戴安娜王妃。结果这款典雅与实用兼具的迪奥女士包让黛安娜王妃一见倾心，之后买下数十只不同材质与大小的日用或晚宴包，常可看见她出席不同场合时背着它们的身影。1996 年，在黛安娜王妃本人的同意下，这款包袋便以她的名字重新命名为"戴妃包"。后来，"戴妃包"一直是热卖款，迪奥也不断替它赋予新的时

不同配色的迪奥女士包

代语意，包括推出各种不同尺寸，或者在背带上镶自己名字缩写的徽章和幸运符码。按尺寸和材质的不同，迪奥女士包单只的售价从 3.1 万元到 3.8 万元人民币不等。

设计特点

迪奥女士包之所以获得黛安娜王妃的喜爱，除了这是替她特别设计之外，也凝聚了品牌的精髓。包型方面，每只迪奥女士包都经过工匠上百道工序手工制作，采用独特的技法强化了提把与包身，提把部分更是线条圆润、柔软适中，无论手拎、手提或背着它，包型都非常立体。为了满足黛安娜王妃出席宴会和外交场合的各种需求，包袋的大小和包口也经过缜密设计，尺寸合适又非常实用，还能凸显使用时的优雅。藤格纹更是它最显著的风格印记，全手工缝制的藤格纹源自克里斯汀·迪奥热爱的 18 世纪法国传统编织工艺，迪奥从首场服装发布会开始，便精选椅背装饰藤格纹图案的拿破仑三世椅，借此寓意与会贵宾如同皇室贵族般优雅，用来烘托戴安娜王妃本身的皇室身份。

迪奥马鞍包

不同材质和配色的迪奥马鞍包

迪奥马鞍包是迪奥于 2000 年首次推出的系列手袋，2018 年重新演绎。

背景故事

迪奥马鞍包在 2000 年春夏成衣系列中初次亮相，由时任迪奥创意总监约翰·加利亚诺设计，其灵感源自对自由的渴求以及迪奥的品牌传承。2011 年 3 月约翰·加利亚诺离开迪奥后，迪奥马鞍包便成为绝版包款。直到 2018 年 7 月，迪奥才推出了经过重新设计的新一代马鞍包。这款包袋有很多不同的花型和尺寸，所以在售价上也有很大的不同，单只价格从 1.5 万元到 5.8 万元人民币不等。

设计特点

迪奥马鞍包最大的亮点就是包上的金属装饰，不仅包盖上挂着迪奥首字母"D"，连接包身和手柄的五金件也都刻意标有旧的"C""D"字样，非常精致。帆布款饰有九种手工缝制的精美缀珠刺绣图案，还有纯色皮革款，均采用对比鲜明的明亮配色。富有民族风情的肩带饰有流苏和金属配件，可斜挎以彰显自由动感与独特个性。

迪奥托特包

斜三角印花（左）和茹伊印花（右）的迪奥托特包

迪奥托特包是迪奥于 2018 年推出的系列手袋，可手拎和上肩，出行旅游、日常通勤都很适合。

背景故事

作为迪奥历史上第一位女性创意总监，玛丽亚·嘉茜娅·蔻丽不仅给迪奥带来了新生，也给整个时尚圈带来了新的冲击。迪奥托特包于 2018 年首次登场，设计初衷是玛丽亚·嘉茜娅·蔻丽希望打造一款适合都市女性生活方式的"装书"手袋，既方便又轻盈，且有着挺括的廓型，能够完美地演绎女性的时尚与个性。迪奥托特包凝聚多种精湛工艺，一经推出便备受用户青睐，成为不可或缺的迪奥单品之一。

设计特点

迪奥托特包由 150 万多针缝线精工细作而成，以数种经典迪奥标志性元素进行装饰，如经典法式 Toile De Jouy（茹伊）以及 Oblique（斜三角）印花。为了将见证品牌历史的茹伊印花呈现于迪奥托特包上，玛丽亚·嘉茜娅·蔻丽重新设计了经典图案，别具匠心地融入栩栩如生的野生动物图案。全刺绣使斜三角图案更加立体，更具有纹理感，浮雕效果精美细腻，将女性的温柔浪漫与爽快英朗的气质完美结合起来。包身拼接处采用了六层面料进行缝合，使包袋拥有挺括的廓型。

普拉达萨菲亚诺包

普拉达萨菲亚诺包是普拉达于 20 世纪 70 年代推出的系列手袋。

背景故事

萨菲亚诺是普拉达的代表性皮革之一，其斜纹格是普拉达专利的纹格，采用的是西班牙小牛皮，皮质坚韧耐用硬挺有型，防刮花力强。这种皮革使包袋表面的交叉纹理清晰细密，看起来精致有美感。普拉达早在 20 世纪 70 年代就开始使用萨菲亚诺皮革，但直到 2011 年才真正流行起来。在 2011 年上映的动作电影《碟中谍 4：幽灵协议》中，一个名叫萨比娜·莫罗的杀手背着一只普拉达萨菲亚诺包，既藏得了手枪，又装得了钻石。这款包袋由此在中国获得了"杀手包"的绰号。这款包袋单只的售价从 1.6 万元到 2 万元人民币不等。

设计特点

普拉达萨菲亚诺包属于大容量的方形手袋，造型简洁大方、线条流畅，整个包身几乎没有任何装饰品，唯有普拉达的三角标画龙点睛。开口处带有金属双拉链设计，既兼顾了实用性，又避免了过分沉闷。在配色上，多以实用且经典的色彩为主，例如黑色、白色、玫红色和浅沙色等，非常百搭。

普拉达卡希尔包

普拉达卡希尔包是普拉达于 2016 年推出的系列手袋。

背景故事

　　普拉达卡希尔包的设计灵感源自一款记录个人故事的珍贵笔记本，最初亮相于普拉达 2016 年秋冬秀场。事实上，"cahier"在法语中的意思就是"笔记本"。普拉达卡希尔包的外形宛如一本稳妥耐用的笔记本，让人将自己最私密的想法和最珍贵的回忆都收纳其中。这款包袋一经推出便成为炙手可热的 It Bag（意为"一定要拥有的包"），更成为明星们的偏爱之物。目前，普拉达卡希尔包的售价在 2 万元人民币左右。

设计特点

　　普拉达卡希尔包的包身点缀了铆钉元素和金属框设计，就像一本笔记本，看起来颇具书卷气息，搭配古铜色的五金件，既复古又有质感。包身白色部分的材质是光面牛皮，黑色部分则采用十字纹牛皮，内里也是全皮质。包内隔层较多，方便物品分开归置，普拉达小白标在底角。肩带采用光面牛皮，可以调节长短。

葆蝶家绳结手袋

葆蝶家绳结手袋是葆蝶家于 2001 年推出的系列手拿包。

背景故事

20 世纪 70 年代中期，葆蝶家发明了 Intrecciato 皮革编织工艺，这项工艺被广泛用于葆蝶家的手袋设计，如 1978 年推出的圆角盒形手拿包。这款手袋在 2001 年经过改造，增加了小皮革绳结扣锁，因此得名绳结手袋。

葆蝶家绳结手袋有多种摩登的款式，包括以复杂折纸专利皮革制成的光面皮革的 Origami Knot、装饰大量皮革花朵的 Jardin Knot、镶嵌古董水晶的 Vintage Jewel Knot、小羊皮及金属构成独特外形和触感的 Memory Knot、柔软小羊皮衬里与金属外壳形成鲜明对比的 Enameled Knot、双面金属蕾丝环绕豪华缎面的 Metal lace Knot，还有纯银编织、衬垫缎面、柔软鳄鱼皮 Knot 以及 18K 黄金编织、扣环两端镶嵌钻石的顶级奢华 Knot。不同材质诠释着不同的风情，单只售价也在 1.5 万元到 4 万元人民币。

设计特点

葆蝶家绳结手袋在设计上堪称独具匠心和精湛工艺完美相融的艺术杰作，展现出超越时空的经典魅力。这款手袋的最大特点就是包袋的开扣部分被拧成了一个结，搭配葆蝶家经典的编织纹路图案，具有极高的辨识度。

芬迪法棍包

芬迪法棍包是芬迪于 1997 年推出的系列手袋。

背景故事

芬迪法棍包由西尔维亚·文图里尼·芬迪于 1997 年设计制作，在面世之初并没有大卖，真正使它声名鹊起的是美剧《欲望都市》。剧中女主角嘉莉在遭遇劫匪抢包时，居然不忘纠正："这不是包，这是法棍包。""Baguette"在法语中译为"法式长棍面包"，因为法棍包纤细修长，能让女性把它像法式面包那样优雅地夹在臂下，故得此名。迄今为止，法棍包已经推出了上千个款式，一直畅销至今。

设计特点

芬迪法棍包可谓一款变化繁复的包袋，自面世以来，芬迪在保持经典造型不变的基础上，在质料、色调和贴花装饰方面进行大胆创新，陆续推出了鳄鱼皮、蜥蜴皮、牛仔布、貂鼠皮、马皮等面料和珍珠、钉珠、闪片、金线等装饰物。别出心裁的色调、材质与贴花图案数不胜数，每一只芬迪法棍包都堪称艺术品。这款包袋配有一个皮革背带，可以满足肩背和手提两种背携方式，还能直接作为手拿包，随意地夹在腋下。

马克·雅可布卡罗琳鳄鱼皮手提包

卡罗琳鳄鱼皮手提包是美国独立设计师品牌马克·雅可布推出的手提包中最具代表性的一款。

背景故事

马克·雅可布是美国知名服装设计师，1963年4月9日出生于美国纽约，毕业于帕森斯设计学院，长期担任路易威登的设计总监。马克·雅可布的个人品牌以及设计作品在时装界享有美誉。卡罗琳鳄鱼皮手提包是马克·雅可布设计的最受欢迎的手提包之一，由奢华的紫色鳄鱼皮制成，单只售价为3.8万美元（约合26.3万元人民币）。

设计特点

卡罗琳鳄鱼皮手提包采用充满异国情调的天然紫色鳄鱼皮手工缝制而成，外观和内饰都采用分段皮革。隔板和额外的口袋都是经过特殊设计的，方便客户分类放置个人物品。它没有像其他手提包一样嵌入昂贵的宝石，但它看起来却很漂亮。

希尔德·帕拉迪诺花园手提包

花园手提包是挪威希尔德·帕拉迪诺公司推出的一款女士手提包。

背景故事

　　希尔德·帕拉迪诺以其优质商品和各种手袋而闻名。2001 年，挪威知名时尚人物希尔德·帕拉迪诺创立了这家公司。如今，它已成为女性手袋、珠宝和时装的先驱品牌之一。花园手提包是希尔德·帕拉迪诺的代表作，由于做工精良且限量生产，所以单只售价高达 3.847 万美元（约合 26.63 万元人民币）。

设计特点

　　花园手提包采用坚韧而柔软的白色鳄鱼皮手工制成，镶嵌了 39 颗优质的白钻石，并有白金制成的扣子，让它看起来更具吸引力，也更具投资和收藏价值。

第4章

珠宝首饰

珠宝首饰，是指珠宝玉石和贵金属原料、半成品，以及用珠宝玉石和贵金属原料、半成品制成的佩戴饰品、工艺装饰品和艺术收藏品。

▶▶▶ 知名品牌

◎ 梵克雅宝

梵克雅宝是法国著名奢侈品品牌，创始人为阿尔弗莱德·梵克和艾斯特尔·雅宝，自 1896 年面世，一直是世界各国贵族和社会名流所钟爱的顶级珠宝品牌。梵克雅宝专精于宝石工艺，特别是一套被称为"隐秘式镶嵌"的宝石镶嵌工艺为其主要商品特点。

◎ 蒂芙尼

蒂芙尼是美国著名珠宝和腕表制造企业，1837 年由查尔斯·路易斯·蒂芙尼和泰迪·杨创立于纽约，所以公司最初叫作"蒂芙尼和杨"。1853 年，查尔斯·路易斯·蒂芙尼掌握了公司的控制权，将公司名称简化为蒂芙尼公司，并从此确立了以珠宝业为经营重点。蒂芙尼制定了一套自己的宝石、铂金标准，并被美国政府采纳为官方标准。时至今日，蒂芙尼公司已成为全球知名的精品公司之一。

◎ 卡地亚

卡地亚是一家法国钟表及珠宝制造商，1847 年由路易斯·弗兰西斯科·卡地亚创立于巴黎蒙特吉尔街 31 号。1874 年，其子亚法·卡地亚继承其管理权，由其孙子路易·卡地亚、皮尔·卡地亚与积斯·卡地亚将其发展成世界著名品牌。在卡地亚的发展历程中，一直与各国的皇室贵族和社会名流保持着紧密的联系和频繁的交往。

◎ 宝格丽

宝格丽是意大利著名珠宝品牌，创立于 1884 年。1879 年，索帝里欧·宝格丽举家移民到意大利的那不勒斯，1884 年他在罗马开了一家银器店，专门出售精美的银质雕刻品。宝格丽在首饰生产中以色彩为设计精髓，独创性地运用多种不同颜色的宝石进行搭配组合，再运用不同材质的底座，以凸显宝石的耀眼色彩。

◎ 宝诗龙

宝诗龙是法国开云集团旗下的珠宝公司。1858 年，年仅 28 岁的设计师费德列克·宝诗龙成立了自己的品牌，并在巴黎最时尚的皇家宫殿区开设精品店，设计了许多贵重的珠宝首饰、腕表和香水。如今，宝诗龙已成为一个国际化品牌，在欧洲、俄罗斯、美国、日本和韩国等地区和国家开设精品店。宝诗龙是世界上为数不多的始终保持高级珠宝和腕表精湛的制作工艺和传统风格的珠宝商之一。

◎ 乔治·杰生

乔治·杰生始创于 1904 年，如今在 12 个国家拥有 100 多家商店。品牌创始人乔治·杰生刚入行时只是一个银匠，制作独家设计的银质餐具和首饰，而今天乔治·杰生将其精湛的技艺用于丰富的产品领域：金银饰品、白金和钻石珠宝、腕表、餐具、凹形器皿，以及家居和办公用品。其纯粹优雅的斯堪的纳维亚设计风格征服了世界数百万用户，被誉为丹麦最著名的品牌之一。

◎ 格拉夫

格拉夫是英国著名珠宝品牌，1960 年由劳伦斯·格拉夫创立于英国伦敦。格拉夫是高级珠宝的翘楚，从原石的搜寻、精工的切割、经典的设计以及对各种顶级宝石的采用，均不假外求。在纽约和伦敦，格拉夫拥有自己的切割、打磨工厂以及镶嵌工作室，所有的格拉夫首饰均由其自己的工作室出品。

◎ 海瑞·温斯顿

海瑞·温斯顿于 1932 年在美国纽约创立，专注于高级珠宝及高级腕表的制作，被誉为"钻石之王"。品牌创始人海瑞·温斯顿说："如果可以的话，我希望能直接将钻石镶嵌在女人的肌肤上。"他对于钻石珠宝的狂热让女性都自愧不如。

梵克雅宝吕多手镯

梵克雅宝吕多是梵克雅宝于 1934 年推出的手镯系列。

背景故事

20 世纪 30 年代是梵克雅宝创作最丰盛的黄金十年，包括举世闻名的隐秘式镶嵌、米诺蒂耶珍贵百宝匣及卡德纳斯腕表等前瞻创意相继于这段时间问世，其中最具代表性的作品之一，则是造型宛如腰带般珍贵流丽的梵克雅宝吕多手镯。该手镯结合高级定制时装元素，以雅宝兄弟里最小的弟弟路易斯·雅宝的昵称"吕多"为名。多年来，梵克雅宝吕多手镯不断焕发新生，呈现多样的造型，同时秉承原创的设计风格。

2019 年发布的梵克雅宝吕多手镯

设计特点

梵克雅宝吕多手镯的造型宛若一条腰带，柔韧的丝网别具一格，搭配表扣般的搭扣，镶嵌珍贵宝石。经典的砖状及六边形图案井然排列，珠宝搭扣更向腰带扣头撷取灵感，既营造出宛如腰带的流丽之美，又散发出坚毅又不乏优雅的女性魅力。

梵克雅宝芭蕾舞伶胸针

梵克雅宝芭蕾舞伶是梵克雅宝于 1940 年推出的胸针系列。

背景故事

作为梵克雅宝的传统作品，首款芭蕾舞伶胸针于 20 世纪 40 年代初问世。这一优雅的舞伶形象一开始源自路易斯·雅宝对于舞蹈的热爱，舞伶的姿态优雅、服饰华美，令其在推出之初便广受收藏家的青睐。而之后梵克雅宝与舞蹈世界的美丽缘分也因一场世纪邂逅而得以延续。路易斯·雅宝的侄儿克劳德·雅宝于 1939 年移居纽约，并邂逅了著名编舞家兼纽约市芭蕾舞团创办人乔治·巴兰钦。二人皆对宝石倾注了满腔热情，也

贾丝廷芭蕾舞伶胸针

因此成就了乔治·巴兰钦编舞的著名芭蕾舞剧《珠宝》（*Jewels*）。该剧灵感源自祖母绿宝石、红宝石及钻石，于 1967 年在纽约首演。

设计特点

每枚梵克雅宝芭蕾舞伶胸针都有自己最独特的造型，但它们统一的特点是在玫瑰形切割钻石脸庞饰以珍贵头饰，以及钻石或彩色宝石镶饰而成的舞鞋和舞裙。例如，贾丝廷芭蕾舞伶胸针着重歌颂舞者灵动优雅的体态，她身着由纯白美钻织成的璀璨舞衣，动作流畅、舞姿轻盈。舞伶胸针以 18K 白金镂刻的婉约身影，展现出轻灵跃动的神韵，玫瑰形切割美钻的面庞上焕发着迷人神采。同时裙摆随年轻舞者的舞姿起伏有致，以优雅的弧线勾勒出轻盈转体的动作，塑造了十分形象的立体造型。

梵克雅宝兹普项链

梵克雅宝兹普是梵克雅宝于 1950 年推出的拉链项链系列，是梵克雅宝的代表性杰作之一。它体现了梵克雅宝深受高级定制时装的影响，同样也彰显了梵克雅宝对创新和可转换设计的独特品位。

背景故事

梵克雅宝兹普项链的灵感源自拉链，是梵克雅宝的前卫之作。其创作起源，可以追溯到 20 世纪 30 年代末期，拉链最早用于飞行员外套及水手制服之上，其后于 20 世纪 30 年代被高级定制时装采用。1939 年，英国温莎公爵夫人建议才华横溢的梵克雅宝创意总监芮妮·皮森特以拉链为原型创作一款珠宝。1950 年，梵克雅宝兹普项链正式面世。提出这一创意的温莎公爵夫人不仅让自己的爱情和珠宝成为传奇，也开启了这一时尚潮流。梵

2011 年发表的梵克雅宝兹普项链

克雅宝兹普项链自从问世以来，不断以各种形式出现，直到今天，它仍是梵克雅宝系列中最为独特的经典设计之一。

设计特点

梵克雅宝兹普项链非常实用，佩戴者可以将拉链任意上下拉动，使其打开一部分，或者完全闭合成一条手链。拉开时，可用作项链，佩戴在脖颈之上，璀璨夺目。拉上之后，便可当作一条手链环在手腕上，精美绝伦。对于梵克雅宝来说，此项可转换设计是一大创新。它将梵克雅宝精妙的工艺与珠宝设计绝妙地结合在了一起，同时又赋予它实用的特色，堪称经典。

梵克雅宝四叶幸运系列珠宝

售价为 4.73 万元人民币的 Pure Alhambra 手链（18K 黄金、缟玛瑙）

梵克雅宝四叶幸运是梵克雅宝于 1968 年推出的珠宝系列。

背景故事

"Alhambra"这个词并没有四叶草的含义，它其实源于西班牙格拉那达的一座历史悠久的阿拉伯宫殿——阿尔罕布拉宫。当初，梵克雅宝的设计师从宫殿花园里一个以四瓣叶线条流动的喷水池中获得灵感，故以此为名。

从 1968 年问世至今，四叶幸运系列已走过了半个世纪。在 50 多年的时间里，四叶幸运珠宝家族不断发展壮大，现已拥有六个子系列，包括 2001 年面世的 Pure Alhambra 经典系列、重现原版设计的 Vintage Alhambra 系列、2006 年面世的 Magic Alhambra 系列、Lucky Alhambra 系列和 Byzantine Alhambra 系列以及诞生于 2007 年的 Sweet Alhambra 系列，丰富的款式选择满足了不同消费者的需求。自面世以来，四叶幸运系列珠宝一直深受全球女性顾客喜爱，上到摩纳哥王妃格蕾丝·凯莉和夏琳·维斯托克，下到时尚博主都对它青睐有加。

设计特点

四叶幸运系列珠宝的主要特征就是四叶草图案，这个图案不仅是梵克雅宝的标志性设计元素，同时也是珠宝界最具辨识度的系列之一。四叶幸运系列四片叶子的每一片叶瓣都有独特的意义：第一片象征好运；第二片象征健康；第三片象征财富；第四片象征爱情。

最初，四叶幸运系列中只有纯黄金长项链，在问世数年后方才加入各种款式与色彩的宝石。如今，梵克雅宝已在四叶幸运系列中运用了珍珠母贝、孔雀石、红玉髓、绿松石、陶瓷、虎眼石、缟玛瑙、蛇纹木等多种珍贵材质。在所有的材质中，只会有 1% 的原材能被保留下来打造成最终的成品，而每一件四叶幸运系列珠宝都需要经过不少于 15 道连续工序才能出成品。

售价为 2.58 万元人民币的 Vintage Alhambra 吊坠（18K 黄金、孔雀石）

售价为 2.58 万元人民币的 Vintage Alhambra 戒指（18K 黄金、红玉髓）

售价为 3.6 万元人民币的 Lucky Alhambra 手链（18K 黄金、红玉髓、虎眼石、白色珍珠母贝和孔雀石）

售价为 4.89 万元人民币的 Lucky Alhambra 耳环（18K 黄金、白色珍珠母贝、虎眼石）

梵克雅宝缎带花系列珠宝

梵克雅宝缎带花戒指

梵克雅宝缎带花是梵克雅宝于 2007 年推出的珠宝系列。

背景故事

自创立以来，梵克雅宝便一直对花卉情有独钟，以珍贵方式呈现其转瞬即逝之美。1925 年，梵克雅宝一款镶饰红宝石的玫瑰设计手镯和胸针于国际装饰艺术及现代工艺博览会上备受好评，并夺得博览会大奖。此后，梵克雅宝的花卉主题不断推陈出新，逐渐发展成一系列完整的珠宝作品，包括项链、戒指、耳环及手镯等。2007 年，梵克雅宝以其经典的小花形象为灵感，推出全新缎带花系列珠宝。

设计特点

梵克雅宝缎带花系列是自然和时尚的完美结合，以白金及钻石镶嵌，巧妙地利用透光效果，凝聚周边的光线，予人一看就有将其据为己有的冲动，闪亮的钻石花瓣更是令人爱不释手。看似铁线莲柄的项链，如清风中的一股花朵瀑布，轻盈优雅；戒指是附在手指上的精致曲线；耳环的钻石丝带闪闪发光。

梵克雅宝缎带花项链

梵克雅宝缎带花耳环

梵克雅宝蝴蝶系列珠宝

梵克雅宝蝴蝶粉蓝钻石胸针

梵克雅宝蝴蝶是梵克雅宝于 2010 年推出的高级珠宝系列。

背景故事

梵克雅宝这一品牌自创立伊始，就一直以自然为师，而蝴蝶则是其重要的设计元素之一。蝴蝶象征着充满诗意、生生不息的大自然。蝴蝶之美，也不断为梵克雅宝带来源源不绝的灵感。自 20 世纪 20 年代起，这些拥有纤纤羽翼的美丽生物便化身为珍贵的胸针与耳环，成就了梵克雅宝款款传世之作。2010 年，梵克雅宝以蝴蝶为主题创作了一个高级珠宝系列，该系列是巧夺天工的高级珠宝制作工艺与诗般艺术创作的完美融合。

设计特点

梵克雅宝利用多种精湛的珠宝技艺，如于 1933 年研发至今不断改进的隐秘式镶嵌法、网状细工、包镶等，让千锤百炼的蝴蝶系列珠宝作品展现自然轻盈的美态。无论是作品正面、背面，甚或隐蔽之处，手工均极臻完美。按珠宝造型切割的宝石于镶嵌后再三细意雕琢，以配合每个设计弧度，匠心独运之处与梵克雅宝挑选宝石的细心不遑多让，将整个系列的色彩提升至超凡入圣的境界。最后，梵克雅宝传承百年的想象和创意，化作蝴蝶的灵巧气质，以无比动态勾勒出其永恒之美。

梵克雅宝雪花系列珠宝

梵克雅宝雪花是梵克雅宝于 2017 年推出的高级珠宝系列。

背景故事

梵克雅宝雪花元素的灵感源自装饰艺术的白色时期。在这个艺术运动时期，几何线条以及抽象的轮廓成为设计特色，在建筑、设计、时装、绘画以及珠宝等各类艺术形式中均产生了很大的影响力。自 20 世纪 40 年代起，梵克雅宝便以洁白的雪花为创作灵感。2017 年，

售价为 515 万元人民币的梵克雅宝雪花三层式项链

梵克雅宝又以 20 世纪 40 年代的雪花图案为灵感，推出了新的高级珠宝系列，设计师运用铂金和钻石再现了冬季的雪景。

设计特点

梵克雅宝最初的雪花珠宝设计强调自然的结晶形态，用长阶梯形钻石来勾勒冰晶的每一根枝杈。而在雪花新作中，设计师以更圆润的六边形雪花作为元素，可以看到 7 颗钻石围簇的雪花图案——中央的主石采用六爪镶嵌结构，外圈的圆钻则搭配 6 枚 V 字形镶爪。值得一提的是，雪花系列设计出更多样的佩戴方式，例如将项圈上的挂坠组合为耳饰，或是将胸针搭配为挂坠项链等。

雪花系列最隆重的作品是一款三层式设计的项链，搭扣巧妙地隐藏于雪花链节后方，可以轻松将其调整为更简洁的双排、单排，或是钻石手链，以便出席不同场合佩戴。引人注意的还有一枚镂空结构的挂坠项链，灵感汲取自梵克雅宝 1948 年发布的 Cristaux de neige 胸针。这枚挂坠中央为 7 颗圆钻组成的雪花图案，周围延伸出 12 组铂金打造的冰晶枝杈，外圈则以圆钻连缀出蕾丝花边图案，获得了晶莹而华丽的视觉效果。

售价为 605 万元人民币的梵克雅宝雪花项圈　售价为 31.9 万元人民币的梵克雅宝雪花挂坠项链

售价为 124 万元人民币的梵克雅宝雪花胸针

>>> 梵克雅宝利亚纳项链

梵克雅宝 JH004678 项链

梵克雅宝利亚纳是梵克雅宝于 2018 年推出的绳结项链系列。

背景故事

　　梵克雅宝以 20 世纪中期盛行的时尚元素"绳结"为灵感，推出梵克雅宝利亚纳系列高级珠宝，并对绳结元素重新演绎。梵克雅宝透过这一新作，重新诠释了金丝编织美学的精髓，以长项链搭配可调整项链长度的搭扣，更饰以多种不同宝石材质，巧妙地运用金属与彩色宝石，呈现出镶边饰带的灵活美态。梵克雅宝利亚纳系列项链主要有四种款式，编号分别为 JH004675、JH004676、JH004677 和 JH004678。

设计特点

　　梵克雅宝利亚纳系列项链每款作品的宝石组合都很独特同时又十分和谐，彰显了梵克雅宝在甄选、切割及镶嵌宝石方面独具匠心。所有宝石均经过最严苛标准的筛选，以确保其符合梵克雅宝一贯的风格。梵克雅宝利亚纳系列项链的搭扣可调节项链的长度，在颈项间隐约展现出一种不对称的美态。

　　梵克雅宝 JH004675 项链用 18K 黄金编织而成，并搭配孔雀石、黄水晶及钻石，有一种复古优雅风。不透明的孔雀石独具美感，与冷艳的钻石交锋不落下风，末端的流苏图案更是增添了一丝灵动气息。梵克雅宝 JH004676 项链同样由 18K 黄金编织而成，但是搭配的宝石却是钻石和蓝色的绿松石、海蓝宝石，高雅中颇有一股小清新的风格。搭扣中醒目的绿松石和海蓝宝石颜色相互辉映，搭配 18K 黄金，给人一种温暖安静的感觉。

　　梵克雅宝 JH004677 项链用 18K 玫瑰金编制而成，时尚大方，粉红碧玺更显青春活力。黑色的缟玛瑙并没有使之暗淡，而是更突出了碧玺的色泽鲜艳。玫瑰金颜色的流苏时尚感极强，整条项链比较适合在春天佩戴。梵克雅宝 JH004678 项链用 18K 玫瑰金编织而成，搭配钻石、黑色缟玛瑙和紫水晶。巧妙的颜色搭配充分展现了项链的美态。用深邃的紫水晶更能衬托出女性的成熟魅力，比较适合优雅、知性的女士佩戴，颇具女人味。

梵克雅宝 JH004675 项链　　梵克雅宝 JH004676 项链　　梵克雅宝 JH004677 项链

梵克雅宝罗密欧与朱丽叶系列珠宝

梵克雅宝罗密欧与朱丽叶胸针

梵克雅宝罗密欧与朱丽叶是梵克雅宝于 2019 年推出的高级珠宝系列。

背景故事

2019 年 7 月，梵克雅宝推出新一季罗密欧与朱丽叶高级珠宝系列，设计灵感源自莎士比亚著名剧作《罗密欧与朱丽叶》。新系列共由超过 100 件独款作品组成，生动再现了露台密会、黎明朝霞、夜莺吟唱、贵族舞宴等经典场景，重新诠释了欧洲文艺复兴时期的风格与生命力。

设计特点

梵克雅宝罗密欧与朱丽叶系列珠宝的最大亮点是以红、蓝两色为主色调，通过鲜明对比来强调红蓝家族之争——红色象征朱丽叶的凯普莱特家族，搭配缅甸红宝石、锰铝榴石、粉色蓝宝石，展现出浓郁而饱满的红色调；蓝色代表罗密欧的蒙泰古家族，以斯里兰卡蓝宝石、青金石为主石，呈现出深邃瑰丽的蓝色。

在 100 多件独一款作品中，最为生动的一款当属梵克雅宝罗密欧与朱丽叶胸针。为营造立体、透视与浮雕效果，该胸针运用不同的宝石切割、镶嵌工艺以及多种色调。该胸针延续了经典的芭蕾舞伶胸针设计风格，定格在罗密欧向心上人献花的浪漫瞬间——朱丽叶娇羞的面庞由水滴形玫瑰形切割钻石镶嵌，摇曳的长裙上点缀着橙色蓝宝石、石榴石、红宝石和钻石；罗密欧身着 18K 玫瑰金打造的披风，蓝色罩袍镶嵌蓝宝石和青金石，腰间金质佩剑经过细致雕刻，衬托出罗密欧的坚毅与勇敢，紫色蓝宝石镶嵌的手捧花则寓意着红蓝家族的融合。

同样引人注目的还有可转换设计，通过隐藏结构呈现丰富的佩戴可能——梵克雅宝埃莉奥诺拉项链可搭配黄色蓝宝石挂坠，或延展为飘逸的钻石缎带；梵克雅宝露丝·蒙泰古项链一侧的蓝宝石玫瑰可取下，转换为胸针佩戴；梵克雅宝斯佩基奥戒指由 3 枚独立的戒环构成，将府邸中的镜子与礼服上的蝴蝶结元素自然融合。

此外，一枚名为梵克雅宝阳台的白金胸针也颇具匠心。它以后花园的露台为设计原型——落地窗铺陈公主方形切割钻石，茂密的藤蔓由祖母绿、沙弗莱石和钻石连缀而成，立体的悬挑结构也得到完整再现；翻转至胸针背面可以看到露台后方隐藏的罗密欧与朱丽叶，玫瑰金雕琢出两人执手相望的身影，传神地演绎了忠贞不渝的恋情。

梵克雅宝埃莉奥诺拉项链

梵克雅宝露丝·蒙泰古项链

梵克雅宝斯佩基奥戒指　　　梵克雅宝阳台胸针正面（左）和反面（右）

梵克雅宝红宝石珍藏系列珠宝

梵克雅宝 Rubis flamboyant 可转换式项链

梵克雅宝红宝石珍藏是梵克雅宝于 2019 年推出的高级珠宝系列。

背景故事

红宝石是历史上地位最显赫的彩色宝石之一，在古梵语中被称为"宝石之王"。梵克雅宝的红宝石珠宝为多位王室成员、社会名流所收藏——1937 年的牡丹胸针以牡丹为主题，运用隐秘式镶嵌工艺铺排出娇艳的红宝石花瓣，这枚胸针曾由埃及法伊扎公主所拥有；1967 年的五叶叶片胸针共镶嵌 6 颗总重 15.77 克拉的红宝石，曾属于美国女高音歌唱家玛丽亚·卡拉丝。

21 世纪初，梵克雅宝历经十年耐心收集，汇集总重逾 3000 克拉的认证红宝石，打造了珠宝界难得一见的完整红宝石系列——红宝石珍藏，并于 2019 年 3 月在泰国正式面世。红宝石珍藏系列珠宝共有 60 件别具一格的作品，其中许多灵感来自印度文化以及高级时装，同时将梵克雅宝的风格标志贯穿于系列中的不同作品，并以隐秘式镶嵌、可拆卸转换等精湛工艺，诠释了红宝石之美。

设计特点

梵克雅宝红宝石珍藏系列珠宝全都以顶级的红宝石镶嵌打造，代表性作品包括梵克雅宝 Rubis flamboyant 可转换式项链、梵克雅宝 Feuille de rubis 戒指、梵克雅宝 Amour sacre 胸针等。

在梵克雅宝 Rubis flamboyant 可转换式项链上，红宝石的深邃与钻石的璀璨交相辉映，营造出和谐的氛围。璀璨钻石环绕 25.76 克拉的红宝石，翩然展开令人沉醉的传奇历史。它的原石一直被某个神秘家族视为家族至宝，后经出售才被切割成枕形。18 颗总重 4 克拉的红宝石于链身谱写出一曲和谐的奏鸣曲，更是呼应了中间传奇宝石的浓郁深邃，而长方形、明亮形及祖母绿形切割的钻石排列错落有致，光影璀璨间将红宝石环绕。以白 K 金和玫瑰金制作的戒指更是与项链相辅相成。中央 3.09 克拉钻石可与项链吊坠的传奇红宝石互换位置，而吊坠可转换为胸针。

迷人的自然界中奇妙的动植物是梵克雅宝自创立伊始便源源不竭的灵感之源，梵克雅宝 Feuille de rubis 戒指以遥远东方丰沛而神秘的图案为灵感，将充满生命力的树叶灵动呈现。刻面及拱面红宝石错落镶嵌于戒指之上，赋予树叶柔美及蕴藏于其深处的无尽生命力。而非凡的钻石则最大化地呈现出戒指的无穷魅力。钻石的剔透度及净度均属上乘。

梵克雅宝 Amour sacre 胸针洋溢着大自然无穷的轻灵与生机。三朵心形的花朵悬于红宝石及钻石的枝桠之上，宛如清风袭来，缓缓随风飘摇。而花瓣微凹陷的弧度更是为灵动的花朵注入活力与生机。花朵的花冠灵感源于神秘的东方图腾，星点之间，将隐秘式镶嵌红宝石与璀璨钻石绘成同一抹似锦光彩。而花心的梨形钻石更是摇曳之间最闪亮的诗意瞬间。

梵克雅宝 Feuille de rubis 戒指　　　　梵克雅宝 Amour sacre 胸针

蒂芙尼六爪镶嵌钻戒

蒂芙尼六爪镶嵌钻戒是蒂芙尼于 1886 年推出的订婚钻戒系列。

背景故事

一个多世纪前，蒂芙尼用六个镶爪将一颗美钻托起，从此开启了一段璀璨传奇。当时，蒂芙尼创始人查尔斯·蒂芙尼一直梦想自己可以制造出一枚象征爱情的戒指，经过他无数次的设计、修改，终于在 1886 年将蒂芙尼六爪镶嵌钻戒呈现在世人面前。它的六爪分别代表责任、承诺、包容、信任、呵护以及珍惜，而这六点正是长久婚姻中不可或缺的品质，这也是查尔斯·蒂芙尼想要传达的意义。蒂芙尼六爪镶嵌钻戒以闪烁夺目的光芒被誉为"世界上最受推崇的订婚钻戒"，成为相爱中的男女真挚爱情与海誓山盟的完美象征，是蒂芙尼作为顶级钻石珠宝品牌最经典的传承。

与其他产品不同，钻石是有一定等级之分的，所以蒂芙尼六爪镶嵌钻戒的价格也不是某一个具体的数字，而是受到多重因素的影响，例如钻戒购买渠道、钻石大小等级和戒托的金属材质等，这些都影响着蒂芙尼六爪镶嵌钻戒的价格。一般而言，1 克拉的蒂芙尼六爪镶嵌钻戒，售价超过 10 万元人民币。

设计特点

蒂芙尼六爪镶嵌钻戒是世界上第一款将圆形的钻石高高镶嵌于铂金六爪戒托之上的钻戒，它最大限度地衬托出了钻石，使其光芒随着切割面得以全方位折射，其光彩无与伦比。璀璨的宝石、完美的镶嵌工艺，缔造出非比寻常的美丽与眩目，充分展现了蒂芙尼作为"钻石权威"的风采以及其在高品质宝石方面的声望。

蒂芙尼维多利亚系列珠宝

售价为 100.6 万元人民币的蒂芙尼维多利亚铂金镶钻花簇项链

蒂芙尼维多利亚是蒂芙尼于 1998 年推出的珠宝系列。

背景故事

蒂芙尼维多利亚系列珠宝于 1998 年问世，设计灵感源自蒂芙尼在 1889 年巴黎世博会展出的焦点作品——钻石胸花饰品，马眼形钻石围绕出的精巧花型，展现出钻石生动的姿态，衬托王妃般的优雅。时至今日，蒂芙尼维多利亚系列珠宝仍以秀美的花朵，以及精致优雅的镂空图案深受女性青睐。

设计特点

蒂芙尼维多利亚系列珠宝的设计灵感来自蒂芙尼至尊钻石的闪耀和光泽，虽然只采用无色钻石，但是交错镶嵌的混合切割钻石令珠宝设计惊艳绝伦，多变而又雅致。以售价高达 100.6 万元人民币的蒂芙尼维多利亚花簇项链为例，其以铂金为主要材质，铺镶钻石。钻石形态多变，共同围成花朵图案。梨形和榄尖形钻石分别重 7.46 克拉和 2.52 克拉，形成花瓣图案。圆形明亮式切割钻石总重 5.85 克拉，铺镶于项链主链部分，设计秀气、优雅。

蒂芙尼钥匙系列珠宝

蒂芙尼钥匙是蒂芙尼于 2009 年推出的珠宝系列。

背景故事

蒂芙尼钥匙系列珠宝的设计灵感来自蒂芙尼公司馆藏珍品中的"钥匙"。这些馆藏"钥匙"由一些经验丰富的金匠和银匠手工精制而成，玲珑别致而不乏古典韵味，主要用于珠宝盒、纪念品盒、影集、日记本和皮箱，甚至作为开启私人俱乐部和乡村庄园大门的钥匙。蒂芙尼的设计师们从这些古老的物件中得到启发，制造出这一焕发着动人神韵与梦幻色彩的时尚珠宝系列。

设计特点

钥匙是每家每户必不可少的物品，它代表了一心一意，代表了忠贞不渝，代表了温暖的家，也代表了忠诚的爱。正因为钥匙的特殊意义，很多品牌将钥匙元素融入珠宝设计中，美观的同时还蕴含着深刻的意义。蒂芙尼钥匙系列珠宝的设计简单明了，以钥匙为轮廓，用简约的线条勾勒出雏形，然后在立体的空间加以润色中和，最终以饱满的立体感和时尚感征服众人。该系列珠宝最昂贵的是一款铂金和钻石材质的万花筒钥匙吊坠，售价高达 12.8 万元人民币。它以万花筒为原型，共镶嵌三种形状的钻石（圆形明亮式切割钻石、榄尖形切割钻石和方形切割钻石），更显美观。

售价为 12.8 万元人民币的蒂芙尼铂金镶钻万花筒钥匙吊坠

售价为 10 万元人民币的蒂芙尼铂金镶嵌宝石钥匙吊坠

蒂芙尼艾尔莎·柏瑞蒂系列珠宝

售价 1.23 万元人民币的蒂芙尼艾尔莎·柏瑞蒂
18K 玫瑰金镶钻 Open Heart 项链

蒂芙尼艾尔莎·柏瑞蒂是蒂凡尼于 2012 年推出的珠宝系列。

背景故事

珠宝设计师艾尔莎·柏瑞蒂于 1974 年加入蒂芙尼，其革新性的美学理念令世界为之着迷，改变了钻石在人们日常穿搭中的时尚地位，也使纯银珠宝变得更受追捧。她的设计创意在如今看来依然时尚现代。"优美的线条与形状即是永恒"是艾尔莎·柏瑞蒂的创作理念。她将这一理念融入蒂芙尼艾尔莎·柏瑞蒂系列珠宝的设计中。

设计特点

艾尔莎·柏瑞蒂系列珠宝于自然清新的外形上呈现出利落感性的线条与优雅简约的风格。蒂芙尼 Open Heart 吊坠悬饰于纯银项链或丝绳之上，优雅灵动，令人目醉神迷；蒂芙尼 Diamonds by the Yard 系列珠宝更富现代感，也更易于佩戴；线条流畅、触感宜人的蒂芙尼 Bean 系列珠宝，令人自然想到寓意生命起源的种子；蒂芙尼 Teardrop 系列珠宝则捕捉到泪滴所蕴含的至深情愫与美感；而西班牙一位弗拉明戈舞者佩戴的耳环则是蒂芙尼 Sevillana 系列珠宝的灵感来源。

售价 1.53 万元人民币的蒂芙尼艾尔莎·柏瑞蒂 18K 黄金 Diamonds by the Yard 项链

售价 1.74 万元人民币的蒂芙尼艾尔莎·柏瑞蒂 18K 黄金 Teardrop 圈形耳环

售价 3.57 万元人民币的蒂芙尼艾尔莎·柏瑞蒂 18K 玫瑰金 Bean 镶钻耳环

蒂芙尼 T 系列珠宝

售价为 1.6 万元人民币的蒂芙尼
T 玫瑰金镶嵌珍珠母贝和钻石线圈戒指

售价为 8.2 万元人民币的蒂芙尼
T1 黄金镶钻窄式铰链手镯

蒂芙尼 T 是蒂芙尼于 2013 年推出的珠宝系列。

背景故事

2013 年，弗朗西斯卡·安菲西亚特浩夫加入蒂芙尼成为设计总监，作为最优秀职业女性的代表之一，她锐意为蒂芙尼带来新境象：虽然保留了蒂芙尼一向比较女性化的设计，但也加入了一些中性、狂野的款式，即蒂芙尼 T 系列珠宝。该系列珠宝是蒂芙尼的标志性设计作品，流畅简洁的线条和鲜明的棱角赋予了它无可比拟的雕塑之美。字母 T 经过简化、解构、延展和流转，既代表了蒂芙尼的品牌名称，也以其垂直结构和内在力量象征了无限自信与勇气。

设计特点

蒂芙尼 T 系列珠宝呈现了无穷无尽的造型搭配可能性，留下了有趣的自我创意的空间。该系列珠宝包括宽形扣式开口手镯、细款手镯、T 字形联结式手链、不同长度的项链和吊坠、风格自信的戒指和耳环。部分作品还采用了暖白色和亮黑色陶瓷。一些钻石款式珠宝的设计灵感来自 20 世纪 20 年代的蒂芙尼古董珍藏草图。蒂芙尼 T 系列珠宝最有意思的一点是单品的搭配——客户可以选择将软质的手链和硬质的手镯、袖扣组合佩戴，尺寸的差异和质感的对比呈现出丰富的 T 字形设计。这些单品的随意组合会呈现不同的效果，体现不同魅力。

蒂芙尼"哈德威尔"系列珠宝

售价为 7.1 万元人民币的蒂芙尼
"哈德威尔"系列黄金中号缠绕式手链

售价为 14.2 万元人民币的蒂芙尼
"哈德威尔"系列玫瑰金缠绕式项链

蒂芙尼"哈德威尔"是蒂芙尼于 2017 年推出的珠宝系列。

背景故事

纽约是一个充满工业气息的城市，更有着年轻一代所无比向往的独立精神，这里也是街头文化的起源地。这里的年轻人无所畏惧，尽情地表达着自我，挥洒着灵魂的不羁。这些有着夸张美感的风景线，总是充满了震撼人心的力量。蒂芙尼"哈德威尔"系列珠宝的设计灵感，正源于此。它融合了纽约那独一无二的摩登无畏精神和街头时尚风格，蒂芙尼的设计师将这个城市的工业气息、独立精神与街头活力进行了艺术化的升华，打造了这一既经典又前卫的珠宝系列。

设计特点

蒂芙尼的"哈德威尔"系列珠宝承载着现代女性的力量与精神。蒂芙尼在锁链式项链的基础上加入一枚可拆卸的锁扣和金属球，将优雅融入先锋设计之中，整个造型更加多变。虽然风格叛逆，却依旧秉承着优雅和简洁。标志性的链扣体现了金属材质简洁清爽的质感与设计轮廓，每一款设计都将纽约工业特质鲜明地升华。蒂芙尼"哈德威尔"系列珠宝延续蒂芙尼严谨卓绝的工艺水准，每一个搭扣都灵巧地隐匿在链接处，精妙地环环相扣，构成了自然流畅的线条。

蒂芙尼"花韵"系列珠宝

售价为 8.2 万元人民币的蒂芙尼"花韵"系列铂金镶钻海蓝宝石耳坠

蒂芙尼"花韵"是蒂芙尼于 2018 年推出的珠宝系列。

背景故事

自新艺术运动时期至今，自然主义始终根植于蒂芙尼丰富的历史当中。作为挚爱的元素之一，蒂芙尼从不吝啬表达对大自然的赞美，歌颂动物与植物的天然美态，蒂芙尼"花韵"系列的诞生也是对这一传统的致敬。该系列是艺术总监瑞德·克拉考夫加入蒂芙尼后所创作的首款珠宝系列，共逾 40 件作品。蒂芙尼"花韵"系列也是蒂芙尼首个涵盖高级珠宝与华贵珠宝的系列，其得名与设计灵感源自剪纸艺术。

设计特点

　　蒂芙尼"花韵"系列珠宝上的花朵由抽象的花瓣通过铆钉连接而成,将高度抛光的铂金花瓣与铺镶钻石花瓣并置,打造出未经修饰又不失精致的质感。每一片花瓣和每一朵花都成为与众不同的存在。透过这种摩登而生动的触角,蒂芙尼将自然世界与城市生活二者兼容,重新诠释了都市女性的气质。从别出心裁的并列设计,到质地的强烈对比,再到萤火虫造型的创新构思,惊喜无处不在。蒂芙尼"花韵"系列从多个层面展示了蒂芙尼的悠久传承,遵循蒂芙尼在工艺与宝石选取方面的承诺,是巧妙设计与独具匠心相结合的臻美之作。

售价为 6.2 万元人民币的蒂芙尼"花韵"系列玫瑰金镶钻花朵项链

售价为 13.7 万元人民币的蒂芙尼"花韵"系列铂金镶钻铰链花朵手链

售价为 16.2 万元人民币的蒂芙尼"花韵"系列铂金镶嵌黄钻萤火虫戒指

蒂芙尼"阿特拉斯"系列珠宝

蒂芙尼"阿特拉斯"是蒂芙尼于 2013 年推出的珠宝系列。

背景故事

2013 年 9 月，继以《了不起的盖茨比》为灵感的珠宝首饰系列获得成功以后，蒂芙尼又推出了全新秋季系列——阿特拉斯。受到罗马数字的启发，蒂芙尼为其女性客户设计了这一系列简洁而不失精致的新品。"阿特拉斯"系列的名称取自古希腊神话中的擎天巨神，他被宙斯降罪来用双肩支撑苍天。蒂芙尼借此诉说自身对于世界的影响力。

售价为 11 万元人民币的蒂芙尼"阿特拉斯"玫瑰金镶镂空铰链式手镯

设计特点

蒂芙尼"阿特拉斯"手镯具有灵动且风格多变的特点，轮廓生动分明的经典罗马数字符号为它赋予了永恒的非凡美态。蒂芙尼以 18K 黄金或白金勾勒而成的图纹环绕雕刻其中的罗马数字图案，打造纤巧明快的风格，周围再饰以璀璨耀美的钻石。这一鲜明设计同样运用于宽式戒指，无论由纯美钻石所环绕或以光泽宜人的匀滑金属塑造精致轮廓，每一款皆绽放出悦目的现代魅力。引人注目的单品还有一款纤巧的手镯，饰以轻盈环绕于腕间的精致细链，洋溢着柔和的金属光泽。

售价为 1.01 万元人民币的蒂芙尼"阿特拉斯"白金镶钻镂空条形手链

售价为 4.12 万元人民币的蒂芙尼"阿特拉斯"白金镶钻镂空宽式戒指

卡地亚 Solitaire 1895 钻戒

多种款式的卡地亚 Solitaire 1895 钻戒

卡地亚 Solitaire 1895 是卡地亚于 1895 年推出的订婚钻戒系列。

背景故事

卡地亚 Solitaire 1895 钻戒诞生于 1895 年，雅致和谐的四爪镶嵌，宛若情侣的双手，牢牢地握着璀璨的钻石，小心呵护着来之不易的爱情。无论是搭配铂金还是玫瑰金戒台，都象征着爱情的无瑕。时至今日，卡地亚 Solitaire 1895 钻戒依然被奉为卡地亚的经典，并且被众多的珠宝厂商所模仿。

设计特点

卡地亚 Solitaire 1895 钻戒造型优雅独特，镶工精致灵动，令光线得以在钻石内自由流动。无论是戒身宽大或纤细，铺镶或环镶美钻，每种组合皆匠心独具。卡地亚最大限度地减轻了镶座本身的重量而突出了钻石的光彩，戒指的轻盈造型让人产生钻石凭空镶嵌在戒指上的错觉。

卡地亚 Coloratura 系列珠宝

卡地亚 Coloratura 是卡地亚于 2018 年推出的高级珠宝系列。

背景故事

2018 年 7 月，卡地亚推出新一季高级珠宝系列——Coloratura，共由 240 件独一款作品组成，设计灵感源自全球四种不同风格的色彩——东方国度的庄重、印度色彩的张力生机、日本用色的含蓄微妙，以及非洲的天然和原始。

设计特点

卡地亚 Matsuri 戒指

在卡地亚 Coloratura 系列珠宝中，尤为引人注目的一款作品是卡地亚 Chromaphonia 项链。卡地亚运用祖母绿、尖晶石、橘色石榴石、绿松石和钻石营造出璀璨耀眼的色彩对比，令人联想起富有异域风情的东欧节日和传统的女士褶皱衬裙。项链选用异形切割祖母绿，深邃迷人的色泽彰显源自阿富汗的色彩特征，独特的外观更散发出别样的魅力。卡地亚所珍视的宝石，在这组珠宝作品上呈现出曼妙美感。每一颗宝石均独具个性，又汇聚相融为和谐整体。钻石、缟玛瑙、绿松石、尖晶石和橘色石榴石交替铺镶，构成醒目的几何图案。靓丽的色彩相互对比、呼应和衬托，更显丰富动人。

此外，还有一款卡地亚 Matsuri 戒指也颇有特色。作品呈现的独特比例和几何图案，令人联想起亚洲节庆期间常见的纸灯笼。卡地亚将精准入微的计算机辅助设计与珠宝工匠的精湛技艺相结合。如幻似真的视觉效果烘托出中央欧泊的迷人魅力。缟玛瑙与其他宝石形成鲜明的色彩对比，与利落的线条设计共同营造出深邃立体的美感。绿色与黑色和谐搭配，中央几何图案中的欧泊呈现渐变色调，与清新葱郁的绿色碧玺相互映衬，浓黑缟玛瑙则令深邃图案更显真实。

卡地亚 Chromaphonia 项链

卡地亚 Magnitude 系列珠宝

卡地亚 Zemia 手镯

卡地亚 Magnitude 是卡地亚于 2019 年推出的高级珠宝系列。

背景故事

2019 年 6 月，卡地亚在伦敦男装周期间发表全新卡地亚 Magnitude 高级珠宝系列，该系列延续了卡地亚品牌自 20 世纪初以来的美学创意，大胆组合不同色彩和特质的宝石，如发晶、青金石、脉石欧泊等，让有别于传统手法的搭配擦撞出全新的火花。新作由 6 个子系列组成，分别命名为 Zemia、Théia、Yuma、Aphélie、Équinoxe 和 Soreli。

设计特点

Zemia 在卡舒比语（西斯拉夫语言）中意为地球，这一系列以澳大利亚出产的脉石欧泊为主石，呈现天然的褐色、紫色与蓝色斑纹，如同俯瞰地球时欣赏到的山谷与河川。脉石欧泊周围搭配锰铝榴石、紫色蓝宝石和蓝宝石，恰好与主石相呼应。

Théia 的设计灵感源自一颗假设存在的远古行星——忒伊亚，与地球相撞而形成月球。设计师模仿两座星球的碰撞，将祖母绿嵌入层叠的水晶底座之中，形成宝石悬浮一般的视觉效果。所有祖母绿均产自哥伦比亚，晶体中可以看到天然形成的包裹体，让人联想到星球碰撞时的混沌景象。

Yuma 以金色为主色调，搭配渐变色调的钻石、黄钻与棕色钻石，呈现出耀眼的太阳光芒。这一系列中的彩钻特别采用 Briolette 水滴形切割，突出晶莹剔透的钻石流光。

Aphélie 在法语中是远日点的意思，以宝石珠串连缀成不同长度的辐射光线，具有出色的纵深感。这一系列以发晶为主石，晶体中可以看到针状的金红石包裹体，外圈则搭配粉钻、摩根石等粉色系宝石，衬托出发晶的褐色包裹体。

Équinoxe 从天文概念中的"分点"汲取灵感，展现日夜分界线垂直于赤道时，南北半球得到相同光照的瞬间。设计师以深蓝色的青金石圆珠象征黑夜，炽烈的黄钻、黄色蓝宝石代表白昼，形成强烈的色彩碰撞。

Soreli 系列的宝石搭配最为简洁，以发晶主石来诠释太阳主题。主石中密布着纤细的金红石针包裹体，具有强烈的视觉冲击力，镶座则设计为六角形的几何图案，搭配明亮的钻石来展现蓬勃的生命力。

卡地亚 Théia 项链

卡地亚 Aphélie 项链

卡地亚 Yuma 戒指　　　　卡地亚 Équinoxe 耳环

卡地亚 Soreli 项链　　　　卡地亚 Soreli 手镯

宝格丽蛇形系列珠宝

售价为 57.2 万元人民币的宝格丽蛇形手链　　售价为 23.2 万元人民币的宝格丽蛇形耳环

宝格丽蛇形是宝格丽于 20 世纪 60 年代推出的珠宝系列。

背景故事

　　蛇图腾与人类文明史有着十分紧密的联系，在古希腊、古罗马神话中，蛇图腾有着丰富的象征意义。蛇有着强大的力量，它是智慧和诱惑的象征。蛇图腾也以迷人的姿态象征着重生。20 世纪 60 年代，宝格丽蛇形系列珠宝正式面世，并迅速成为品牌经典之作。在 1963 年上映的史诗电影《埃及艳后》中，女主角伊丽莎白·泰勒在荧前幕后都佩戴着宝格丽蛇形系列珠宝。自此，蛇形系列成为女星们最喜爱的宝格丽珠宝之一。延续至今，蛇形系列已发展成完整系列，包括腕表、高级珠宝与配件等，在跨越半个世纪后，设计仍然摩登时尚。

设计特点

　　宝格丽蛇形系列珠宝堪称宝格丽的经典之作：蛇鳞的设计舍弃传统焊接工艺，巧妙运用精细的铰接技术，营造出蜿蜒层叠的效果，令每一件作品宛如灵蛇般栩栩如生，灵活萦绕。

宝格丽咏绽系列珠宝

宝格丽咏绽是宝格丽于 2018 年推出的高级珠宝系列。

背景故事

2018 年 10 月，宝格丽推出了新一季高级珠宝作品——咏绽系列，其设计灵感源自古罗马历史遗迹中的花卉装饰。系列名称 Fiorever 融合了意大利语词汇 Fiore 和英语词 Forever，寓意永恒的花朵。

售价为 6.93 万元人民币的宝格丽咏绽系列玫瑰金戒指

设计特点

宝格丽设计师参考了莉薇娅别墅旧址的花园壁画、马西莫柱宫的雕像作品，以及圣女戈斯坦娅陵墓的马赛克镶嵌画，将花朵重新诠释为四片花瓣拥簇的图案。花蕊是一颗圆形明亮式切割钻石，重约 0.1 克拉至 0.5 克拉，达到 F 色级以上。花瓣则设计为独特的三角形轮廓——外圈打造出立体的坡面，铺排大小渐次的钻石；内圈呈镂空结构，或内嵌三角形花瓣，运用钻石或金质抛光营造出更丰富的视觉层次。

咏绽系列珠宝具有白金和玫瑰金两种版本，可选择戒指、手镯、挂坠、耳钉等单品。设计最特别的是一对流苏耳坠，花朵耳钉下方垂吊白金链环流苏，缀有明亮的圆形钻石。同样引人注目的还有一枚半开放结构的手镯，呈双圈设计，镯壁两端分别延伸为花朵和花瓣，让人联想到宝格丽标志性的蛇形手镯。

宝格丽咏绽系列白金耳坠

售价为 31.7 万元人民币的宝格丽咏绽系列白金手镯

宝格丽 "巴洛克" 系列珠宝

宝格丽 "巴洛克" 是宝格丽于 2020 年推出的高级珠宝系列。

背景故事

2020 年 6 月，宝格丽推出新一季高级珠宝系列——巴洛克，其设计灵感源自 17 世纪巴洛克设计风格，融合充满流动感的建筑元素，以及艺术性的装饰细节，以祖母绿、蓝宝石等珍贵宝石为主，呈现华丽新作。受新冠肺炎疫情影响，宝格丽无法举行线下活动，只能通过专用应用程序以数字形式发布新系列的产品。

宝格丽 "巴洛克" 系列红宝石纱幔戒指

设计特点

宝格丽在全新 "巴洛克" 高级珠宝系列的创作中，大胆借鉴巴洛克艺术元素，圣天使城堡教堂顶端的铜像、典型的巴洛克式螺旋和曲线设计、巴洛克风格优化作品的光影效果，众多经典元素与珍稀珠宝以巧夺天工的技艺糅合在一起，无论是密镶钻石的华丽项链，还是层层交叠的别致钻戒，都尽显别致动感，散发出令人着迷的感染力，恰如无数流传至今的巴洛克艺术作品，跨越了时间和空间的界限，见证了经典与现代的巧妙融合。

就像巴洛克时期的建筑和艺术一样，宝格丽 "巴洛克" 系列珠宝既大胆又富有前瞻性。该系列中的戒指、项链和耳环其线条既弯曲又华丽，或者复杂而几何。重复出现的主题包括纤细的羽毛、扇形以及华丽的曲折和弯曲。该系列中的某些产品还具有 "颤抖" 设置，这些部件会随着佩戴者的移动而移动或摇摆。这种非常巧妙的设置需要完美的金属加工。此外，该系列中的部分作品都是可变换的，它们具有可拆卸和不同佩戴方式的零件。

宝格丽 "巴洛克" 系列翁郁花园项链

宝诗龙 Quatre 系列珠宝

宝诗龙 Quatre White 小号戒指（黄金、
白金、玫瑰金及陶瓷材质）

宝诗龙 Quatre Red 大号戒指（钻石、
黄金、白金与玫瑰金及红色陶瓷材质）

宝诗龙 Quatre 是宝诗龙于 2004 年推出的高级珠宝系列。

背景故事

2004 年，宝诗龙 Quatre 系列正式问世。宝诗龙先后推出了 Quatre White、Quatre Black、Quatre Radiant、Quatre Classique、Quatre Red 和 Quatre Blue 六个子系列，每个子系列都在统一中各具特色。其中，Quatre Red 系列诞生于 2018 年，正值宝诗龙品牌诞辰 160 周年，宝诗龙大胆运用了浓烈而罕见的红色高精密陶瓷，配合巴黎钉纹，让人印象深刻。

设计特点

虽说宝诗龙 Quatre 系列仅诞生了十余年，但这个系列却蕴含了宝诗龙从创始至今的文化背景和历史文化。系列中最基本的四大元素是巴黎钉纹图案、罗缎带图案、钻石镶嵌和双椭圆纹图案，这四大元素无一不和宝诗龙的历史背景有关，而之后的作品也都基于此来进行创作。

巴黎钉纹是宝诗龙总店在巴黎芳登广场的象征，设计灵感来自巴黎芳登广场上的小方砖路；罗缎带图案代表着宝诗龙家族最早做面料起家的渊源，也因为缎带曾经是法国手工业的骄傲；钻石镶嵌是宝诗龙作为高级珠宝品牌最擅长的核心技艺；双椭圆纹图案是宝诗龙在珠宝设计上应用最多的工艺元素，也是宝诗龙历史悠久的设计之一。宝诗龙 Quatre 系列不但拥有四大元素，还有玫瑰金、白金、黄金、黑化白金、钻石、高精密陶瓷六种材质，所以它有多种排列组合，再加上各种配饰种类，选择范围非常广。

宝诗龙 Contemplation 系列珠宝

宝诗龙 Contemplation 是宝诗龙于 2020 年推出的高级珠宝系列。

背景故事

2020 年 7 月，宝诗龙发布全新的 Contemplation 高级珠宝系列，旨在诠释自然界中的每一个美丽瞬间。宝诗龙创意总监克莱尔·乔伊斯尼表示："多年来，我一直希望能够记录转瞬即逝的美好意向，传达当下的诗情画意，展现浩瀚天空的纯净无瑕，刻画翩翩舞动的奇妙光影。世家的珠宝艺术精髓在于定格时间的轨迹，将如昙花乍现般短暂的美丽化为永恒。"宝诗龙 Contemplation 高级珠宝系列共有 67 件作品，堪称克莱尔·乔伊斯尼迄今最为触人心扉的高级珠宝作品。

设计特点

宝诗龙 Contemplation 高级珠宝系列以极其感性的方式演绎了宝诗龙

宝诗龙 GOUTTE DE CIEL 项链

品牌的精髓：美妙绝伦的珠宝与佩戴者心意相通，随着轻轻的呼吸婆娑律动；珠宝材质轻盈灵动，如同繁星碎片飘浮在空中闪烁着动人之美; 项链上钻石云彩环绕其间，幻化出虚无缥缈之意境。宝诗龙希望通过这个系列呼唤观者内心真我，珍视生命中的珍贵之物，珍惜当下的每个瞬间。

宝诗龙 Contemplation 高级珠宝系列中最引人注目的一件作品是宝诗龙 GOUTTE DE CIEL 项链。该项链为白金材质，铺镶钻石，并镶嵌了一颗气凝胶水晶。气凝胶是世界上密度最低的材料，由 99.8% 的空气和 0.2% 的二氧化硅组成。美国航空航天局用气凝胶来捕捉星际尘埃。克莱尔·乔伊斯尼说："我希望通过这条项链捕捉遥不可及的事物，让一片晴空环绕于颈间。气凝胶元素的发现，得以实现这一灵感。我们将这种材料包裹于天然水晶外壳之中，它会根据光线变化呈现出不同色彩。"

乔治·杰生融合系列珠宝

乔治·杰生融合戒指（18K 玫瑰金、18K 黄金、18K 白金、钻石） 乔治·杰生融合耳环（18K 黄金）

乔治·杰生融合是乔治·杰生于 2000 年推出的珠宝系列。

背景故事

乔治·杰生融合系列珠宝出自设计师妮娜·古柏之手，2000 年正式问世。乔治·杰生融合系列可以说是最早拥抱"混搭"概念的珠宝，它的诞生象征着全新形态珠宝的时代来临。妮娜·古柏秉持乔治·杰生北欧美学，融入大自然元素，以流畅的波浪线条组成犹如拼图的单品，让每个人都得以发挥创意，层层衔接、堆栈，创造出属于个人的、独一无二的珠宝。

设计特点

乔治·杰生融合系列珠宝具有流畅的曲线，佩戴者能依照个人品位自由设计各种搭配，可选用玫瑰金、黄金或白金等贵金属材质，以及决定是否镶嵌钻石。该系列珠宝中最引人注目的作品是一枚贵金属戒指，妮娜·古柏利用 18K 玫瑰金、18K 黄金、18K 白金精工雕琢展现出律动的四季风情：黄金代表了百花绽放及温暖的春夏，白金代表了纯净以及满地白雪的冬景，玫瑰金则展现了斯堪的纳维亚森林秋凉之际的色调。这枚戒指既可组合佩戴，也可拆分自由搭配，每只戒环都能互相完美衔接。其独特的设计理念鼓励佩戴者更主动地参与珠宝设计过程，从而完全摆脱现代珠宝概念的束缚。而这又恰恰充分满足了现代人对首饰多元化佩戴的需要，佩戴者可依个人喜好任意在两外侧指环中增加内侧指环，以获得不同的戒指佩戴效果，使个人化的专属选择呈现出无限的创意，创作属于自己的融合戒指。

格拉夫"蝴蝶幻影"系列珠宝

格拉夫"蝴蝶幻影"是格拉夫于 2014 年推出的珠宝系列。

背景故事

寓意着蜕变重生的蝴蝶，自人类文明之始便一直在艺术家笔下翩然起舞，其形象最早可以追溯到 3500 多年前的埃及象形文字。蝴蝶一向是格拉夫设计团队的灵感泉源，先后启发设计者创作了格拉夫经典蝴蝶系列、缱绻蝴蝶系列、蝴蝶公主系列，以及近年推出的蝴蝶幻影系列。每一个系列都各具特色，耀眼动人的钻石和色彩斑斓的宝石互相辉映，完美呈现出蝴蝶飞舞时跳脱轻盈的美丽。

售价为 9.4 万元人民币的格拉夫"蝴蝶幻影"耳环

设计特点

格拉夫"蝴蝶幻影"系列珠宝以轻盈的剪影风格塑造"蝴蝶"主题，设计师运用白金、钻石打造出精巧的镂空结构，展现蝴蝶停驻于耳畔、手腕、指间的自然场景，风格轻盈而灵动。该系列珠宝的特别之处是以双层结构来演绎蝴蝶翅膀——外圈为纤细的蝶翼轮廓，由超过 50 颗圆钻勾勒；中央可以看到榄尖形的前翅和水滴形的后翅，由不同大小的圆钻拼镶而成，从远处欣赏如同一颗完整的钻石。

售价为 5.5 万元人民币的格拉夫"蝴蝶幻影"手链

>>>>> 海瑞·温斯顿纽约系列珠宝

海瑞·温斯顿纽约是海瑞·温斯顿于 2018 年秋季推出的系列珠宝。

背景故事

海瑞·温斯顿纽约系列珠宝向海瑞·斯顿热爱的纽约致敬。该系列珠宝犹如一封献给纽约的特别的情书——这座城市不仅与品牌创始人海瑞·温斯顿有着千丝万缕的联系，更不断以它的活力激发设计者无限的灵感与创意。海瑞·温斯顿纽约系列珠宝包含七个子系列，包括赤褐色砂石建筑、大教堂、城市之光、第五大道、中央公园、鹰和 718 系列。其中，纽约上西城的赤褐色砂石建筑是海瑞·温斯顿的出生地；色彩明丽及富有几何感的中央公园激发其创作灵感；曼哈顿天际线的城市之光则如钻石般在天空中璀璨闪耀；第五大道沿途交错的动感，随处可见装饰艺术的建筑元素。

设计特点

海瑞·温斯顿纽约系列珠宝均以纽约为灵感来源，最引人注目的是大教堂子系列，其设计灵感源自圣帕特里克大教堂，从海瑞·温斯顿的工坊落地窗中恰好可欣赏到教堂的壮丽景象。设计师以阶梯形钻石勾勒出新哥特式教堂的建筑轮廓，并搭配水滴形祖母绿，呼应教堂的绿色尖顶。

海瑞·温斯顿纽约系列大教堂项链和耳环　　　　海瑞·温斯顿纽约系列第五大道项链

海瑞·温斯顿 "温斯顿糖果" 系列珠宝

海瑞·温斯顿 "温斯顿糖果" 是海瑞·温斯顿于 2019 年推出的高级珠宝系列。

背景故事

　　海瑞·温斯顿 "温斯顿糖果" 系列的设计灵感可追溯至海瑞·温斯顿品牌于 20 世纪 50~60 年代的珍藏设计稿，这些设计稿勾勒出色彩绚丽的鸡尾酒戒指设计概念。当时的珠宝美学崇尚富丽华美，而对于海瑞·温斯顿来说，则意味着以标志性的技艺缔造出非凡的珠宝，例如将各种异形的精美宝石与明亮的圆形宝石搭配或将不同色彩的瑰宝进行组合镶嵌。海瑞·温斯顿的珠宝工匠师从历史档案中色调不拘一格的绚丽之作，发掘出这些美妙设计的潜力；同时尽情挥洒天马行空的创意，以现代风格加以演绎，缔造出海瑞·温斯顿 "温斯顿糖果" 系列。

设计特点

　　以糖果为主题的海瑞·温斯顿 "温斯顿糖果" 全系列皆是清一色的鸡尾酒戒，与一般戒指不同，特色是个头硕大、色彩浓烈且充满设计感，借此展现女人的个性之美，海瑞·温斯顿严选每一颗宝石，从精致的浓橙色榴石、珍罕碧玺、粉淡色蓝宝石到充满活力的尖晶石等，以珍稀华美的宝石陪衬女人的时尚品位。每件作品均讲究大胆配色、立体形态及精准比例，并运用不同的宝石切割技术，让人回想起过去那个时代那些温雅精致的绅士淑女，将大自然的瑰美素材化作精雕细制的珠宝糖果。

第 5 章

时装

所谓时装，就是款式新颖而富有时代感的服装。这类服装时间性极强，每隔一定时期就流行一种款式。时装采用新的面料、辅料和工艺，对织物的结构、质地、色彩、花型等要求较高，讲究装饰、配套，在款式、造型、色彩、纹样、缀饰等方面不断推陈出新。

知名品牌

◎ 路易威登

路易威登是法国的一个奢侈品品牌，1854 年由路易·威登创立于法国巴黎，初期主要生产箱包。如今路易威登已经不仅限于设计和出售高档皮具和箱包，而是一家涉足时装、首饰、太阳眼镜、皮鞋、行李箱、手提包、珠宝、手表、腕表、名酒、化妆品、香水、书籍等领域的奢侈品巨头企业。

◎ 迪奥

迪奥是源自法国的国际奢侈品品牌，由法国时装设计师克里斯汀·迪奥于 1946 年创立，总部位于巴黎。迪奥主要经营时装、配饰、香水、化妆品、童装等高档消费品。其男装品牌现已独立为迪奥男装。

◎ 古驰

古驰是意大利的一个奢侈品品牌，1921 年由古驰奥·古驰创立于意大利佛罗伦萨。古驰的产品包括时装、皮具、皮鞋、手表、领带、丝巾、香水、家居用品及宠物用品等。古驰时装一向以高档、豪华、性感而闻名于世，以"身份与财富之象征"品牌形象成为上流社会的消费宠儿，一向被商界人士垂青，时尚而又不失高雅。

◎ 普拉达

普拉达是意大利的一个奢侈品品牌，1913 年由玛丽奥·普拉达创立于意大利米兰。普拉达提供时装、皮具、鞋履、眼镜、手表及香水等产品，并提供量身定制服务。普拉达专注于提供最高品质的创新产品，其拥有的每一个品牌均极具创意，因此而品质卓越、自成一格，此外，普拉达还具有由独立设计、产品开发及营销团队创立及维持的个体性。

◎ 范思哲

范思哲，1978 年诞生于意大利，由意大利设计师詹尼·范思哲与兄弟桑托及妹妹多纳泰拉创立。范思哲经营服饰、香水、眼镜、领带、皮件、包袋、瓷器、玻璃器皿、丝巾、羽绒制品、家具产品等。品牌标志是神话中的蛇发女妖美杜莎，代表着致命的吸引力。2018 年年末，范思哲被美国轻奢集团迈克·柯尔（后更名为卡普里控股）收入麾下，成为该集团旗下品牌。

◎ 阿玛尼

阿玛尼是世界知名奢侈品牌，1975 年由时尚设计大师乔治·阿玛尼创立于意大利米兰，他以使用新型面料及优良制作而闻名。阿玛尼的品牌标志是由一只在往右看的雄鹰变形而成。阿玛尼除经营服装外，还涉及领带、眼镜、丝巾、皮革用品、香水乃至家居用品领域等，产品销往全球 100 多个国家和地区。

◎ 纪梵希

纪梵希是来自法国的高奢时装品牌，1952 年由休伯特·德·纪梵希创立于法国巴黎。几十年来，这一品牌一直保持着"优雅的风格"，在时装界几乎成了"优雅"的代名词。而纪梵希本人在任何场合出现都保持儒雅气度，因而被誉为"时装界的绅士"。

◎ 华伦天奴

华伦天奴是意大利高级定制和高级成衣奢侈品品牌，1960 年由瓦伦蒂诺·加拉瓦尼创立于意大利罗马。华伦天奴的产品包括高级定制服、成衣以及一系列配饰，包括手袋、皮鞋、小型皮具、腰带、眼镜、腕表及香水等。

◎ 香奈儿

香奈儿是法国的一个奢侈品品牌，1910 年由可可·香奈儿创立于法国巴黎。香奈儿产品种类繁多，有时装、香水、彩妆、护肤品、鞋履、手袋、眼镜、腕表、珠宝配饰等。该品牌的时装设计具有高雅、简洁、精美的风格，在 20 世纪 40 年代就成功地将"五花大绑"的女装设计推向简单、舒适的设计。

◎ 博柏利

博柏利，也译为巴宝莉、勃贝雷等，是极具英国传统风格的奢侈品牌，始创于1856 年，创始人为托马斯·博柏利。博柏利凭借独具匠心的创新面料和开拓性的数字技术享誉全球，旗下产品包括时装、配饰、手袋、鞋履、香水、伞具及丝巾等。

◎ 麦丝玛拉

麦丝玛拉是意大利知名时装品牌，诞生于 1951 年，以高品质的大衣闻名于世。创始人马拉莫迪（Maramotti）以制作男装开始，但很快就重点发展女装。以数十年的创意及理想，成功建立了今日的麦丝玛拉时装王国，旗下拥有多个副线品牌。

路易威登皮革系列高级成衣

这款无袖夹克以皮革和貂毛的排列革新经典设计方式制作而成，售价高达 10.1 万元人民币。各异纹理呈现条纹效果，点缀 Monogram 花卉图案压纹与金属 Monogram 花卉细节，释放盎然活力。

女士无袖貂皮夹克

这款貂毛连帽衫以运动元素和微宽松板型展露新意，售价高达 12.1 万元人民币。兜帽的撞色条纹与正面 LV 字母，以及皮革饰边和螺纹下摆勾勒出简约的线条。

女士貂毛连帽衫

这款博莱罗短夹克的售价为 2.94 万元人民币。其整体采用柔软绵羊皮，为利落机车造型搭配柔美缩褶下摆，演绎摇滚风潮与摩登细节的碰撞。正面拉链打破单调，怀旧气息愈发浓郁。

女士摇滚风格绵羊皮博莱罗短夹克

这款风衣的售价为 7.8 万元人民币，其采用复古质感绵羊皮塑造醒目戗驳领，宣示 20 世纪 70 年代风潮的回归。条纹纽扣注入 2020 年春夏标志性气息，高耸肩线彰显匠心剪裁，搭配前肩覆、腰带束紧与 Monogram 图案内衬。

这款皮革夹克的售价为 7.8 万元人民币，其外层采用小牛皮，内衬采用绵羊皮，搭配缩褶衣袖，延续路易威登 2020 年春夏秀场的绚烂繁花与新艺术风格图案，宣示当下潮流主旨。精湛丝印工艺渲染浓郁色调，与衣领和漆光按扣营造出视觉反差。

女士绵羊皮风衣

女士皮革夹克

这款貂皮大衣的售价为 35.5 万元人民币，路易威登精选轻盈舒适的貂毛，呈现"浴袍式"宽松剪裁，灰色调嵌花有如浮雕，将众多国旗图案的拼接共冶一炉。每件成品需耗时 200 余个小时完成，所用皮草均经过 WelFur 认证。

这款双层牛仔大衣仅按订单生产，售价高达 178 万元人民币。路易威登精选丝绒般质感的鳄鱼皮革，打造无袖长背心，外搭经典牛仔风束腰上衣。每寸鳞纹均以手工匠心拼就，军旅风格纽扣带来视觉冲击，彰显高定格调。

男士旗帜嵌花貂皮大衣

男士三合一鳄鱼皮双层牛仔大衣

路易威登牛仔系列高级成衣

这款无袖 A 字连衣裙的售价为 1.58 万元人民币，吸取弹力有机丹宁布的闲适气息，超大翻盖前袋兼具潮流感与功能性。正面 Monogram 系带搭配金属端头，背后拉链贯穿上下全长，复古气息不言而喻。

女士系带无袖 A 字连衣裙

这款修身夹克的售价为 2.25 万元人民币，其采用路易威登 2020 年早春的丹宁纹理，Monogram 花卉与 LV 标志交织，营造出一种盛夏的清新气息，演绎摩登个性与复古韵味的交融。口袋的 V 字明线与路易威登 Inventeur 皮革贴饰丰富细节。

女士棋盘格牛仔夹克

这款夹克的售价为 2.18 万元人民币，其以水洗丹宁布呈现路易威登 2020 年早春标志性线条，搭配肩部绗缝、中长袖与落肩设计，展现闲适格调。内衬材质为 46% 真丝、43% 涤纶、10% 棉和 1% 聚酰胺。

女士绗缝牛仔夹克

男士 DNA 牛仔夹克

这款男士 DNA 牛仔夹克的售价为 1.55 万元人民币，设计师维吉尔·阿布洛在夹克上挥洒水洗丹宁之美，让经典邂逅潮流。标准剪裁搭配方领设计和扭曲金属件，复古气息浓郁；后摆的 VVN 皮革标签镶缀标志性方钉，另缀有可拆卸式标签。

这款夹克的售价为 3.5 万元人民币，其以多层透明绢纱呈现宽松牛仔板型，再为第二层铺陈 Monogram 图案，于朦胧光影间展现对经典 Monogram 元素的崭新诠释。标志性方领令整体设计更臻完善。

男士多色绢纱牛仔夹克

男士工装衬衫

这款工装衬衫的售价为 1.38 万元人民币，其采用丹宁布塑造宽松板型，再以手工喷绘为 Monogram Spray 图案渲染别致的模糊效果，宣告路易威登 2020 年春夏前系列的醒目格调。搭配做旧金色金属件、笔袋与路易威登品牌标志性方领。

◥◥◥ 迪奥女士连衣裙系列

这款象牙色衬衫连衣裙的售价为4.6万元人民币，其通体采用黑色波点装饰。以轻盈的桑蚕丝和棉质混纺提花布精心制作，正面纽扣开合搭配接缝腰头，勾勒腰身轮廓。这款衬衫连衣裙可与高跟鞋搭配，打造高雅的造型。

Dioriviera 长款连衣裙

象牙色桑蚕丝和棉质混纺黑色波点衬衫连衣裙

这款 Dioriviera 长款连衣裙的售价为5.7万元人民币，其采用桑蚕丝材质，生动地全新演绎 Dioriviera 系列。设计师从威利塔山创意社区汲取设计灵感，Tie & Dior 多色条纹令人不禁想起日落时分的美景。背面开口、腰部缝线和分层褶边半身裙，打造合身的优雅板型。

这款褶裥短款连衣裙轻盈飘逸，醒目时尚，售价为4.5万元人民币。其采用玫瑰粉色棉质面料精心制作，凸显2020年夏季主打的迪奥波点图案。裹身式领口设计，A字板型，搭配长袖和束腰头。

玫瑰粉色棉质面料波点图案褶裥短款连衣裙

黑色羊毛和桑蚕丝混纺露肩连衣裙

这款黑色连衣裙重新演绎迪奥经典款式，售价为 3.5 万元人民币。其采用轻盈的羊毛和桑蚕丝混纺精心制作，露肩设计搭配双排扣，尽显精致高雅。优雅的 A 字形款式，长度及膝，可搭配网眼袜和平底鞋穿着。

这款连衣裙采用光滑亮泽的桑蚕丝精心制作，售价为 4.4 万元人民币。经典的中长衬衫裙款式，搭配宽角领和长袖，正面饰以纽扣。高雅精致，可搭配腰带勾勒身材，凸显柔美气质。

黑色和白色维希印花中长款连衣裙

蓝色轻盈羊毛和桑蚕丝混纺纽扣领连衣裙

这款短袖连衣裙是迪奥的品牌标志单品，售价为 3.1 万元人民币。其采用轻盈的冰川蓝色羊毛和桑蚕丝混纺材质制作，经典的系扣衣领设计、褶裥花冠形裙摆和缝线腰线凸显柔美气质。可与细高跟鞋搭配，打造优雅造型。

迪奥女士外套系列

这款米色夹克的售价为 4.5 万元人民币，其采用柔软的羊皮革毛一体精心制作，双面均可穿着。双排扣设计，饰有贴边口袋与腰部可调节扣等优雅细节，提升格调。保暖而不失风度，可与水手风针织衫叠搭穿着，打造时尚造型。

米色羊皮革毛一体双排扣夹克

蓝色和白色羊毛斜纹布格子
图案双排扣西装外套

这款蓝色和白色西装外套以格子图案装饰，售价为 3.4 万元人民币。其采用羊毛斜纹布剪裁，造型时尚高雅，饰以凹口翻领，搭配双排扣和大号贴袋。可与条纹长裤或短裤搭配穿着，玩转图案元素，打造秀场同款耀眼夺目的造型。

这款经典西装外套来自迪奥"新风貌"系列，是一款标志性的单品，由克里斯汀·迪奥于 1947 年设计。单排扣廓形由玛丽亚·嘉茜娅·蔻丽重新演绎，采用黑色羊毛和桑蚕丝混纺精心制作，售价为 3.6 万元人民币。搭配戗驳领、标志性的布包纽扣和贴边口袋，让腰部曲线更显优雅。这款经典西装外套可与迪奥各式单品搭配，打造优雅精致的造型。

黑色羊毛和桑蚕丝混纺经典西装外套

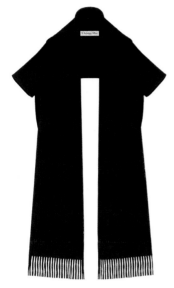

黑色羊毛和兔毛混纺围巾夹克

经过一季又一季的洗礼，这款夹克已经成为迪奥的标志性单品。2020 年，玛丽亚·嘉茜娅·蔻丽采用黑色羊毛兔毛混纺，重新诠释这款单品，售价为 3.4 万元人民币。这款夹克采用背面开口设计，前面饰以流苏饰片，设计有两个短袖和同色系的"克里斯汀·迪奥"嵌花编织徽标。这款夹克可配上腰带与牛仔裤、衬衫或半身裙搭配穿着。

这款黑色羊毛和桑蚕丝混纺露肩夹克的售价为 3.2 万元人民币，其采用双排扣设计，醒目出众。饰以品牌标志性的布包纽扣，搭配修身板型，凸显腰部曲线。可搭配休闲或经典服饰，打造百变造型。

黑色羊毛和桑蚕丝混纺露肩夹克

这款经典西装外套作为迪奥"新风貌"系列的重要单品，最初创作于 1947 年。其售价为 2.1 万元人民币，其采用蓝色牛仔布制成，接缝处的磨边和突出腰部曲线的标志性板型体现了一种现代设计理念。饰有凹口翻领和暗扣，十分雅致，可系上纽扣搭配传统的 A 字形半身裙或不系纽扣搭配修身剪裁长裤穿着。

蓝色牛仔经典西装外套

古驰女士连衣裙系列

古驰 2020 年早秋系列彰显了时装秀内衣风格的影响力，在连体式造型中采用了类似的设计元素。这款连衣裙以深棕色天鹅绒裙摆为亮点，搭配雅致的玫瑰棕色调罗缎紧身胸衣式上衣，打造出醒目的撞色效果。该款连衣裙的售价为 5.35 万元人民币。

配紧身胸衣长款天鹅绒连衣裙

这款连衣裙的售价为 4.25 万元人民币，蝴蝶图案象征着蜕变，也体现了古驰对自然界的迷恋，如今运用饰有亮片的珍贵贴花焕新演绎，与古驰 2020 年早秋系列中特有的水晶方形 G 标识相映成趣。刺绣细节为这款飘逸优美的黑色天鹅绒连衣裙增添了一抹精致感。

饰亮片蝴蝶短款天鹅绒连衣裙

这款连衣裙的售价为 5.1 万元人民币，其采用 GG 水晶薄纱材质，巧妙融合富有浪漫气息的设计和 20 世纪 90 年代时尚界自由不拘的设计风格，以新的视角诠释了充满女性色彩的精致造型。这款透明连衣裙的长度为 86 厘米（S 码），配有可拆卸的真丝吊带衬裙。

GG 水晶薄纱短款连衣裙

金色层压天鹅绒短款连衣裙

这款连衣裙的售价为 2.88 万元人民币，GG 金银丝线是古驰 2020 年春夏系列的标志性材质，灵感取自品牌的典藏设计。该材质闪亮耀眼的复古外观，糅合别致的黑色漆皮绲边和可拆卸圆领细节，令连衣裙呈现出时尚与简约并重的对比效果。

罂粟印花真丝无袖连衣裙

这款连衣裙的售价为 3.75 万元人民币，低调的闪亮装饰为它打造光泽感。作为迪奥最新系列中的别致元素，黑色漆皮为纽扣和可拆卸彼得潘领增加了亮点，令整体设计更显时尚新潮。

可拆卸衣领 GG 金银丝线连衣裙

这款真丝硬缎连衣裙充满优雅气息，采用工字褶中长裙摆和汤匙领设计，是古驰 2020 年早秋全新女性气质概念探索系列的出众单品，售价为 2.78 万元人民币。它运用引领时尚的美学理念进行重新演绎，将女性气质和令人惊艳的印花出色地融合为一体。该款连衣裙与配套的短款夹克巧妙搭配，饰有古驰在 2016 年早秋系列中首次推出的罂粟印花。这款标志性花卉是生命、死亡和回忆的有力象征，赋予真丝硬缎面料迷人的时尚风范。

普拉达皮革系列高级成衣

这款麂皮绵羊皮大衣的售价为 9.2 万元人民币，其采用超大廓形、撞色衣领塑造夺目外观。该大衣采用七分袖，袖口配纽扣，搭配斜角口袋。大衣背面开衩，正面由纽扣扣合。

女士麂皮绵羊皮大衣

这款软羊革短大衣的售价为 4.86 万元人民币，其采用长袖设计，配袖口饰带。翻盖式直袋，配有纽扣。饰有纽扣式肩章和可调式腰带，背面有腰带环，经典的军旅风双排扣设计搭配软羊革材质，既奢华低调又不失品牌特色。

女士软羊革大衣

这款软羊革机车夹克的售价为 5.365 万元人民币，其采用长袖设计，袖口配金属拉链。配有正面拉链和可调式金属带扣腰带，饰有按扣式肩章，设计独特新潮。此外，还有金属拉链式斜角口袋和金属按扣式胸前口袋。

女士软羊革机车夹克

这款毛羊皮外套的售价为 5.415 万元人民币，其采用毛羊皮衣领、斜角嵌线袋，正面纽扣扣合。背面开衩，并且巧妙装饰有一枚普拉达徽标，新意解读男性优雅魅力。

男士复古毛羊皮外套

这款气质硬朗的连帽大衣甄选绵羊皮打造，释放摩登时尚气息，售价为 5.27 万元人民币。该款大衣采用束绳兜帽、圆形束绳下摆，正面拉链拉合，搭配长拉链装饰斜角口袋，背面有挂衣襻。

男士软羊革大衣

这款夹克的售价为 4.84 万元人民币，其采用兜帽、正面拉链、弹力束绳下摆、微斜正面口袋和拉链式胸前口袋设计。束绳下摆和塑料拉链等现代细节定义该款夹克的设计格调。胸前饰有标志性的普拉达三角形徽标，品牌格调可见一斑。

男士绵羊皮夹克

范思哲女士成衣系列

这款机车夹克采用柔软的羊皮革制成，售价为 2.98 万元人民币。款式采用微短款，饰有金色五金配件，包括装饰斜拉链的个性安全别针拉链拉头。

羊皮革机车夹克

这款羽绒夹克采用宽大版设计，配有可拆卸衣领和袖子，袖子饰有詹尼·范思哲的签名刺绣，搭配金色美杜莎纽扣，展现出醒目个性的风格。售价为 2.96 万元人民币。

詹尼·范思哲签名羽绒夹克

这款单肩晚礼服采用桑蚕丝制成，风格迷人优雅，售价为 2.75 万元人民币。款式饰有传统的金色美杜莎纽扣和高开衩设计。

美杜莎纽扣真丝晚礼服

拼缝牛仔夹克

这款牛仔夹克搭配一系列饰有季节性印花的真丝、棉质和牛仔拼布，彰显出品牌传统，售价为 2.59 万元人民币。饰有柔和巴罗科拼缝印花的桑蚕丝拼布与豹纹图案交织在一起，彰显出大胆个性的风格。色彩缤纷的款式搭配传统的金色美杜莎纽扣。

无尾晚礼服式背心裙

这款双排扣无尾晚礼服式背心裙的售价为 2.4 万元人民币，其具有传统的廓形，并饰有金色美杜莎纽扣。臀部点缀美杜莎铆钉和褶裥元素。

印花真丝衬衫

这款长袖真丝衬衫的售价为 1.05 万元人民币，其采用金色美杜莎纽扣，饰有詹尼·范思哲钟爱的巴洛克印花，该印花来自 1991 年秋冬系列。为了致敬詹尼·范思哲以及他对品牌作品倾注的热爱与激情，这件特别款衬衫采用詹尼·范思哲时代的真丝印制工艺，运用单独的丝网将墨迹手工印制到面料上，打造出格外具有活力的图案色彩。

阿玛尼男士成衣系列

这款两面穿束腰身皮夹克的售价为3.7万元人民币，其皮革与丝绒的个性结合，是2020年当季风尚的代表之一。胸口饰压纹阿玛尼标志。拉链前襟和松紧袖口凸显出整体造型的美感。

两面穿束腰皮夹克

阿玛尼华丽的SOHO系列套装，融合剪裁传统与珍贵的绵羊毛面料，展露现代典雅风范，售价为2.15万元人民币。该款修身西装采用平驳领、胸袋和贴袋设计。单排扣双扭前襟。裤装采用经典板型，配有祥扣腰带、隐形拉链和纽扣门襟。

SOHO修身绵羊毛西装套装

这款服饰以更加轻盈和现代的手法重新诠释游猎外套，售价为1.9万元人民币。它由阿玛尼特殊的细孔网眼布面料裁制，正面配夹克常有的大口袋，采用同风格拉链前襟、松紧袖口和下摆以及背面同色系品牌标志。

细孔网眼布游猎外套

这款夹克的售价为 1.15 万元人民币，其采用压花面料裁制，拥有特殊纹理，呈现出阿玛尼典型的休闲流畅外观。搭配单排扣门襟、双立领和中心纽扣设计，侧面配有嵌袋，带衬里。

休闲单排扣夹克

这款针织衫个性鲜明，售价为 1.1 万元人民币。它以考究的提花羊绒裁制，整件服饰呈现出特殊的视觉效果。圆领和螺纹边缘可为服饰锦上添花。

提花羊绒针织衫

这款背心马甲是 2020 年春季阿玛尼的抢手单品之一，售价为 1.1 万元人民币。它采用细条纹图案并带有天鹅绒细节，采用特殊设计，并搭配包扣和贴袋。

天鹅绒细条纹图案马甲

纪梵希女士晚礼服系列

这款百褶蕾丝长款晚礼服的售价为8.38万元人民币，其具有蓝色和绿色渐变效果。长泡泡袖上衣，深V领，腰部饰有光滑蕾丝，喇叭形长裙摆。

渐变百褶蕾丝长款晚礼服

这款黑色长款晚礼服的售价为7.33万元人民币，斑点蕾丝上衣，长泡泡袖，深V领，胸部饰有垂褶效果荷叶边，腰部饰有塔夫绸，配真丝乔其纱长款褶裥喇叭裙。

真丝和蕾丝裥丝长款晚礼服

这款浅粉色晚礼服的售价为6.28万元人民币，无袖上衣，缎面衬里绉布图形领口，前褶和背部荷叶边饰塔夫绸斗篷，百褶喇叭形裙摆。

褶裥斗篷晚礼服

泡泡袖真丝垂褶连衣裙

这款淡橙色双绉中长裙的售价为
1.99 万元人民币，其采用七分泡泡袖，
肩部聚拢，前片呈现垂褶效果，系带，
后背垂褶披肩效果，宽松喇叭裙摆。

这款亮红色真丝乔其纱长款无袖晚
礼服的售价为 7.65 万元人民币，其采用
重叠褶裥上身饰片，衣领和后部袖孔饰
有褶裥荷叶边，黑色 V 形丝绒腰带，后
片图形领口，百褶裙摆。

褶裥荷叶边晚礼服

弹力卡迪面料蕾丝长款斗篷连衣裙

这款黑色弹力卡迪面料无袖超长连
衣裙的售价为 6.55 万元人民币，其采用
水晶刺绣高领，同系配色蕾丝长斗篷。

纪梵希男士成衣系列

这款深卡其色中长款粒面皮革大衣的售价为 3.88 万元人民币，其采用衬衣领，两个明缝侧袋，其中一个饰激光切割纪梵希标志。侧面饰可调节扣袢，金属揿扣，镌刻纪梵希标志的牛角扣，隐藏式纽扣扣袢和背面开衩。黑色衬里。

皮革大衣

这款军旅派克大衣的售价为 3.15 万元人民币，其采用卡其色尼龙缎面和天然毛羊皮立领，正面有金属拉链，左袖饰有一个立体小号拉链口袋，前片两个拉链口袋，两个翻盖袋，饰有揿扣。腰部和下摆带抽绳，背部饰有鱼尾形镂空设计，袖口为螺纹针织面料，卡其色衬里。

长款绵羊皮衬里和尼龙军旅派克大衣

这款黑色绒布连帽卫衣的售价为 2.55 万元人民币，正面饰白色缝线和蓝黑色珠粒 Studio HOMME GIVENCHY 花卉图案刺绣，背面饰蓝黑色缝线和珠粒制成的大号花卉图案。连帽带金属孔眼和抽绳设计，金属绳头镌刻纪梵希标志。正面一个大口袋。

Studio HOMME 花卉刺绣连帽卫衣

GIVENCHY Glitch 刺绣连帽卫衣

这款黑色绒布连帽卫衣的售价为 1.95 万元人民币，其正面饰有白色缝线和多色珠粒 GIVENCHY Glitch 刺绣。连帽带金属孔眼和抽绳设计，金属绳头镌刻纪梵希标志。

这款珍珠刺绣燕尾服的售价为 15.05 万元人民币，其采用黑色质地轻盈的羊毛精细剪裁，配有单粒扣及尖角翻领，通身饰以运用金属质感走线和圆柱形珠粒精制而成的手工刺绣。正面和袖口均配有黑色珍珠母贝纽扣，镌刻纪梵希标志。一个胸前口袋和两个侧面翻盖袋。纪梵希链条图案黑色衬里。

珍珠刺绣燕尾服

撞色羊毛夹克

这款黑色轻盈羊毛精裁夹克的售价为 2.58 万元人民币，其采用单粒扣，西装领口，绲边和翻领开衩设计，一侧呈现白色效果。一个白色饰边胸袋，两个侧袋，配以翻转白色翻盖。纪梵希链条图案黑色衬里。

华伦天奴神奇女侠系列

华伦天奴神奇女侠系列刺绣摇滚夹克

华伦天奴神奇女侠是华伦天奴于 2016 年推出的女士成衣系列。

背景故事

美国侦探漫画（DC）公司旗下的超级英雄神奇女侠，是 1941 年在心理学家威廉·莫尔顿·马斯顿构思下诞生的。华伦天奴借由神奇女侠系列服饰表达积极的生活态度，激励当下女性大胆实现个人理想。该系列包含外套、T 恤、裙子、鞋和配饰等。

设计特点

华伦天奴神奇女侠系列服饰标志性的特征是它们身上无处不在的星星元素，一件黑色皮夹克上有两枚黑色星星图案，然后再用细小的水晶排列呈放射状，看起来十分帅气；米色的梦幻纱裙上面缀满了金色星星，与星星皮衣一同搭配，碰撞出别样的韵味；包包和鞋子也布满星星，别致和趣味交织在一起，令人眼前一亮的设计无处不在，华伦天奴的世界里能装满女性对时尚的所有幻想。

华伦天奴神奇女侠皮夹克、无袖裙和连衣裙

华伦天奴神奇女侠系列各式单品

香奈儿小黑裙

香奈儿小黑裙是香奈儿于 1926 年推出的连衣裙，也是香奈儿的标志性时装。

背景故事

20 世纪 20 年代，可可·香奈儿为当时上流社会的女性，创造出简洁而奢华的小黑裙，成功地塑造了亦刚亦柔的独特女性气质。她表示："我想为女士们设计舒适的衣服，即使在驾车时，依然能保持独特的女性韵味。"可可·香奈儿摒弃了当时花花绿绿、繁复累赘的流行女装，不断在面料、设计细节与制作技巧上求新求变，最终使香奈儿小黑裙这款独特的时尚杰作，成为"现代经典"的同义词。

可可·香奈儿在 1926 年发布小黑裙，这个时机可谓选择得相当完美，因为一战给欧洲社会带来的暴风雨般的改变，为香奈儿小黑裙创造了机会。这款连衣裙一经问世，立即引起了购买风潮，轰动了整个时尚界。人们用最好卖的美国汽车的名字来称呼它，叫它"福特裙"。时至今日，香奈儿小黑裙依然是全球女性梦寐以求的选择。

设计特点

　　香奈儿小黑裙享有百搭易穿、永不失手的声誉，因此顺理成章地成为女士们衣橱里的必备品，也是服饰史上影响最深远的款式之一。飘逸的黑色薄纱裙若隐若现露出肌肤，配以腰带，优雅干练兼具柔美，尽显当代都市女性的摩登气质。由于香奈儿小黑裙通常设计简单，因此配饰成为它的一个看点，珍珠、胸针、胸花、腰带等都成为给香奈儿小黑裙增色的小要素。

2019 年香奈儿推出的部分小黑裙

>>>> 博柏利战壕风衣

博柏利战壕风衣是博柏利于 20 世纪早期推出的风衣系列，也是博柏利的标志性时装。

背景故事

1879 年，博柏利独创了革新性的防风雨面料嘎巴甸。这种棉质面料不仅具有防雨防风的功能，而且质地透气轻便，一改传统雨具的厚重不堪。1888 年，嘎巴甸获得了专利并被授权为当时的英军设计和制造大衣。1901 年，

售价为 9.5 万元人民币的博柏利人造水晶金属环装饰羊毛重塑版战壕风衣

售价为 1.92 万元人民币的博柏利伊板型棉质战壕风衣斯灵顿

博柏利设计出第一款风雨衣。一战期间，英王爱德华七世将博柏利这款风雨衣指定为英国军队的高级军服。1912 年，军装大衣获得专利，以品牌独创的棉质嘎巴甸面料制作。Tielocken 军装大衣成为经典，这就是博柏利战壕风衣的雏形。

一战后，英国军人退役回归平民，将这种大衣普及到民间，逐渐成为一款经典的时尚外套。博柏利战壕风衣受到了众多走在时尚风潮浪尖上的明星与名流们的青睐，在《北非谍影》、《魂断蓝桥》和《蒂凡尼的早餐》等知名电影作品中都能见到它的身影。时至今日，博柏利战壕风衣已经风行了一个世纪。2020 年，新一季博柏利战壕风衣的售价从 0.9 万元到 9.5 万元人民币不等。

设计特点

    博柏利战壕风衣发展到今天，时髦意义远远大于实用意义，但它依然作为功能性服装兼具着风衣和雨衣的特性。具体来说，它是一件长度约至膝盖，使用防水的重型纺织棉布、府绸、华达呢或皮革制成的晴雨外套。一战期间的设计风格被保留了下来，包括经典的肩带和D形环扣。D形环扣原本的用途是扣住地图匣或者手榴弹，而肩部下方多出来的一块额外布料，最早是用于保护陆军被枪托摩擦的身体。

    博柏利战壕风衣之所以能成为"符号化"的经典单品，是因为它的百搭。这款风衣可干练、可甜美、可性感，从牛仔裤、短裙、毛衣，到正装、衬衫、礼服长裙，几乎任何正式或非正式场合，都能适应。

博柏利战壕风衣穿戴效果

麦丝玛拉 101801 大衣

麦丝玛拉 101801 是麦丝玛拉于 20 世纪 80 年代初推出的大衣,其完美的设计、剪裁、用料、品质,以及男女皆宜的经典款式,让它成为一件公认的时尚必备单品。

背景故事

麦丝玛拉是意大利著名的女装品牌,创始人马拉莫迪其实是法律系毕业生。因为他的母亲很喜欢高级时装,在她的影响下,马拉莫迪对这个时髦产业产生了兴趣,于 1951 年创办了麦丝玛拉品牌,从此将自己的名字深深镌刻在时尚史中。麦丝玛拉 101801 大衣最早于 1981 年推出,是麦丝玛拉迄今为止最经典的款式。这款大衣在意大利单件的售价是 1600 欧元,在中国单件的售价则超过 3 万元人民币。官方数据显示,从 1981 年到现在,麦丝玛拉 101801 大衣一共售出 13.5 万件。

设计特点

麦丝玛拉 101801 大衣采用克什米尔优质羊绒和羊毛,其水波纹绒毛混纺面料的制造工艺相当复杂,要使面料表面产生如水波荡漾的自然纹理,呈现美观效果,就必须精选自然柔软度和韧性达到一定标准的羊毛原料,以及外形接近的羊绒,再用昂贵的专业机械进行纺织。

麦丝玛拉 101801 大衣的出现颠覆了人们对大衣"轻薄不保暖，厚重才保暖"的传统认知，它讲究轻薄且保暖，让人们摆脱笨拙的冬日穿着，顶级的原料让每件大衣都拥有如婴儿肌肤般的触感，这也是麦丝玛拉 101801 大衣之所以在众多大衣中脱颖而出的重要原因之一。麦丝玛拉 101801 大衣对工艺的追求十分苛刻，制作一件看似无比简洁的大衣，所经历的工序要超过 170 种。这款大衣的廓形灵活度很高，适合大部分人穿着，穿起来随意慵懒又有型。其袖口的设计灵感来自和服，自由又随性。颜色方面，主要有驼色、杏色和黑色可供选择。

麦丝玛拉 101801 大衣穿戴效果

第6章

豪华座驾

交通工具中的豪华游艇、私人飞机、超级跑车等，它们并非只是没有生命的钢铁机器，而是从身体到精神的双重享受，是个人品位与财富地位的象征。

知名品牌

◎ 沃利

沃利是全球领先的高级大型复合材料游艇生产商，也是豪华游艇品牌中的典型代表，总部位于摩纳哥。除了豪华游艇，沃利还生产帆船和机动游艇。沃利的产品不但在设计上极为奢华，而且相当科学和舒适，既给拥有者带来一种视觉感受，又带来一种全新的时尚生活方式。

◎ 丽娃

丽娃是世界上首屈一指的豪华游艇品牌，其历史始于 1842 年，发源于意大利科摩湖畔。丽娃游艇均为限量收藏级，坚持每一个细节都由手工制作，每一款都在设计师手中赋予鲜明个性，从而造就丽娃无与伦比的品质和独一无二的品位，它是全球公认的"水上劳斯莱斯"。2000 年 5 月，丽娃加盟世界最大的豪华游艇制造集团——法拉帝集团。

◎ 圣劳伦佐

圣劳伦佐是高级定制游艇中的领航品牌，成立于 1958 年，在意大利拥有三家造船厂，在全世界多个国家和地区建立了营销网络，是世界知名的游艇制造和销售企业。2014 年，圣劳伦佐成为世界排名第二位的生产 24 米以上游艇的造船厂。

◎ 蒙地卡罗

蒙地卡罗是全球游艇界划时代的先锋品牌，隶属于博纳多集团。蒙地卡罗是豪华动力艇中发展最快的意大利品牌，相继推出的一系列艇型屡获世界奖项。蒙地卡罗因其独特的意大利式设计、完美的建造工艺以及前所未有的客户定制水平，在业内享有盛誉。

◎ 波音

波音是全球最大的航空航天公司，也是世界领先的民用和军用飞机制造商。此外，波音设计并制造旋翼飞机、电子和防御系统、导弹、卫星、发射装置，以及先进的信息和通信系统。作为美国国家航空航天局的主要服务提供商，波音运营着航天飞机和国际空间站。波音还可提供众多军用和民用航线支持服务，其客户分布在全球 90 多个国家和地区。

◎ 豪客比奇

豪客比奇是世界领先的公务及特殊任务飞机制造商，前身为 1932 年成立的比奇飞机公司，主要业务包括公务机、涡桨飞机、活塞发动机飞机的制造，飞机服务与保障以及飞机管理和租赁。总部设在美国堪萨斯州威奇托市，在美国堪萨斯州萨莱纳、阿肯色州小石城、英国奇斯特及墨西哥奇瓦瓦均设有主要工厂，遍布全球的授权维修中心超过 100 家。

◎ 湾流

湾流是一家生产豪华、大型公务机的公司，创立于 1958 年，总部位于美国佐治亚州萨凡纳，1999 年由通用动力公司完全收购，其主要产品为"湾流"系列飞机，在军用和民用领域都被广泛采用。

◎ 达索

达索是法国的一家飞机制造商，也是世界主要军用飞机制造商之一，具有独立研制军用和民用飞机的能力。该公司创立于 1928 年，多年来主要以军用飞机为经营重点，进入 20 世纪 90 年代以后才开始在高级政府公务飞机领域发展。

◎ 庞巴迪

庞巴迪是加拿大的一家同时生产飞机和机车的设备制造商，创立于 1942 年，总部位于加拿大魁北克省蒙特利尔。目前，庞巴迪是世界领先的民用飞机制造商，业务覆盖 60 多个国家和地区，员工超过 7 万人。

◎ 巴西航空工业公司

巴西航空工业公司是巴西的一家航空工业集团，成立于 1969 年，业务范围主要包括商用飞机、公务飞机和军用飞机的设计制造，以及航空服务。现为全球最大的 120 座级以下商用喷气式飞机制造商，占世界支线飞机市场约 45% 的市场份额。

◎ 比亚乔

比亚乔的正式名称为比亚乔航空航天公司，前身为比亚乔航空工业公司，是一家总部位于意大利热那亚的跨国航空制造公司。比亚乔是世界上最古老的飞机制造商之一，现由阿布扎比国有的穆巴达拉发展公司全资拥有。

◎ 劳斯莱斯

劳斯莱斯是英国豪华汽车品牌，创立于 1906 年，公司创始人为亨利·莱斯和查理·劳斯。劳斯莱斯出产的轿车是顶级汽车的杰出代表，以其豪华而享誉全球，是欧美汽车的主要代表之一。现在，劳斯莱斯汽车的年产量只有几千辆，品牌的成功得益于它一直秉承了英国传统的造车艺术：精练、恒久、巨细无遗。

◎ 宾利

宾利是英国王室御用的豪华汽车品牌，由华特·欧文·宾利创立于 1919 年，总部位于英国克鲁。1997 年，宾利被大众集团收购。2018 年 12 月，世界品牌实验室编制的《2018 世界品牌 500 强》揭晓，宾利排名第 220 位。

◎ 法拉利

法拉利是举世闻名的赛车和运动跑车的生产厂家，总部位于意大利马拉内罗，由恩佐·法拉利于 1947 年创立，主要制造一级方程式赛车、赛车及高性能跑车。2018 年 12 月，世界品牌实验室编制的《2018 世界品牌 500 强》揭晓，法拉利排名第 174 位。

◎ 兰博基尼

兰博基尼是一家意大利汽车生产商，全球顶级跑车制造商及欧洲奢侈品标志之一，公司总部坐落于意大利圣亚加塔·波隆尼，由费鲁吉欧·兰博基尼在 1963 年创立。兰博基尼早期由于经营不善，于 1980 年破产。数次易主后，1998 年归入奥迪旗下，现为大众集团旗下品牌之一。2018 年 12 月，世界品牌实验室编制的《2018 世界品牌 500 强》揭晓，兰博基尼排名第 248 位。

◎ 玛莎拉蒂

玛莎拉蒂是一家意大利豪华汽车制造商，1914 年 12 月 1 日成立于意大利博洛尼亚，公司总部现设于摩德纳，品牌的标志为一支三叉戟。1993 年菲亚特收购玛莎拉蒂，使品牌得以保留。玛莎拉蒂曾经是法拉利的一部分，现为菲亚特克莱斯勒汽车直接拥有。而今的玛莎拉蒂全新轿跑系列是意大利顶尖轿跑车制作技术的体现，也是意大利设计美学以及优质工匠设计思维的完美结合。

◎ 阿斯顿·马丁

阿斯顿·马丁是一家英国豪华汽车制造商，创立于 1913 年 3 月，创始人是莱昂内尔·马丁和罗伯特·班福特，总部设在英国盖顿。阿斯顿·马丁汽车标志为一只展翅飞翔的大鹏，喻示该公司像大鹏一样，具有从天而降的冲刺速度和远大的志向。

◎ 布加迪

布加迪于 1909 年在法国成立，创始人为意大利人埃多尔·布加迪。早期的布加迪品牌将艺术与技术相融合，并在赛车场上战绩辉煌，但在二战后渐渐衰落并几经易手，1998 年大众集团收购并复兴了布加迪品牌，将其确立为一个独立运营的法国汽车品牌。布加迪的总部依然设立在法国莫尔塞姆。

◎ 帕加尼

帕加尼是一家世界知名的超级跑车制造商，公司创始人为奥拉西欧·帕加尼。与大名鼎鼎的法拉利一样，诞生于素有"超级跑车之乡"美誉的意大利小镇摩德纳。帕加尼所生产的超级跑车以极致的性能、大量采用纯手工打造的精湛工艺、昂贵的售价以及订单生产的稀有产量而闻名于世。

◎ 柯尼赛格

柯尼赛格是一家小型的超级跑车手工制造厂，其名称在瑞典语中意为"刀锋"。1994 年，瑞典一群有汽车工业经验和专业知识的优秀设计师和工程师，以克瑞汀·凡·科尼塞格的名字，在瑞典南部安吉荷姆附近成立了这家汽车公司。柯尼赛格的标志是瑞典皇家空军的标志。

◎ 迈凯伦

迈凯伦是一家英国高性能跑车制造商，创立于 1966 年，创始人为新西兰人布鲁斯·迈凯伦，总部位于英国萨里郡沃金。迈凯伦以运用一级方程式赛车的工程和技术研发公路跑车而闻名。

◎ 保时捷

保时捷是一家德国豪华汽车制造商，总部位于德国斯图加特，以生产高级跑车闻名于世界车坛。保时捷创立于 1931 年，创始人费迪南德·保时捷是一位享誉世界车坛的著名设计师。

118 沃利动力游艇

基本参数	
长度	35.97 米
宽度	9.02 米
吃水	1.37 米
排水量	95 吨
最高航速	每小时 60 节

118 沃利动力游艇是摩纳哥沃利游艇公司设计和制造的豪华运动游艇。

背景故事

硬朗的外表、奢华的内饰、极致的性能，"沃利动力"系列游艇总能把沃利品牌的军工风范体现得淋漓尽致，而其中的 118 沃利动力游艇更是具有代表性的一款作品。118 沃利动力游艇的研发工作始于 2000 年，2003 年在摩纳哥游艇展上首次亮相，凭借前卫的外形和大胆的设计，毫不意外地成为人们眼中的焦点。在迈克尔·贝执导的科幻电影《逃出克隆岛》中，118 沃利动力游艇也惊艳亮相。

设计特点

118 沃利动力游艇的艇艏呈 V 形。灰绿色金属外壳，在室外环境下，艇身随着光线和角度的不同会折射出各种不同的颜色和光泽，时而银灰，时而古铜，时而漆黑，有时候又会闪现出纯白的色泽。除了棱角分明的刚硬外形，118 沃利动力游艇的内部空间设计也非常注重科学和舒适——它的甲板和内饰采用了简洁的设计风格，尽量削减分割，在上层船舱，驾驶舱和大厅之间没有分割物，只是以台阶进行形式上的区隔。

118 沃利动力游艇的主卧可与公寓相媲美，面积达 25 平方米，宽度几乎就是游艇的宽度，房间的装饰以白色为主色调，同样秉承简洁的风格。一张超大的双人床带来无穷的生活情趣，浴室内的淋浴和盆浴分别有各自的喷淋和地漏。两个 15 平方米的客房也各自有淋浴房。在船舱下部，还有着巨大的空间。下层甲板前部是个大型船库，安有升降门，可安置小型游艇等，也可以设计成开放式健身房。

118 沃利动力游艇搭载了 3 台 5600 马力的 DDC TF50 燃气轮机、2 台 370 马力的康明斯柴油机（用于低速航行），以及 3 台卡米瓦喷水推进器，使游艇的动力总和可达 16800 马力，最高航速高达每小时 60 节，足可匹敌军舰。

118 沃利游艇外观

118 沃利游艇内部

►►► WHY 游艇

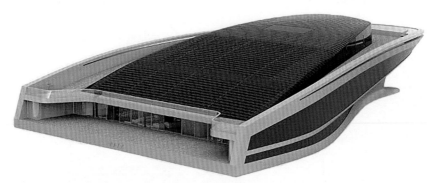

WHY 游艇是摩纳哥沃利游艇公司和法国爱马仕集团联合设计的豪华游艇。

基本参数	
长度	57.91 米
宽度	38.1 米
吃水	3.51 米
排水量	2400 吨
最高航速	14 节 / 时

背景故事

WHY 游艇是沃利游艇公司和爱马仕集团于 2008 年 6 月共同设立的全新游艇研发项目。此次研发的目的是为了打造一种全面创新的运动游艇，并竭力展现出一种属于海上生活的艺术。爱马仕介入了 WHY 游艇开发的每一个步骤，从概念设计到最终成形，再到内外装修，爱马仕都参与进去，因此 WHY 游艇从里到外都极尽奢华。值得一提的是，WHY 游艇的研发团队在研发过程中还制作了一个 1：1 尺寸的模型，并在瑞典船舶研究中心测试了艇体的稳定性，以帮助设计团队更好地根据艇体结构来装饰与分配艇上的生活区域。

设计特点

WHY 游艇的甲板和室内装饰与其使用的巨型艇身相互辉映：整个艇身被分成了三层，并大面积地使用了露台的设计，这样一来，自然的光线便被巧妙地引入到室内；艇体周边的玻璃面以及室内屋顶的天花板上均铺设有光能面板，高科技的设置既能节约能源，在需要时也可像百叶窗一样，起到遮挡阳光的作用。另外，甲板上 25 米长的游泳池，36 米长的沙滩设计以及其他的种种创新，无不印证了 WHY 游艇的一个最为基本的设计理念——形态决定功能。

WHY 游艇使用了当下最为先进的柴油和电力混合的双动力推进系统，更在艇身的表面设置了将近 900 平方米的光能面板，足可维持艇上的供电所需。WHY 游艇的研发团队通过加强艇体的隔温功能和发动机的热量恢复来进一步降低这个项目的能源消耗。与此同时，研发团队还在研究最新的风能发电设备和风能推动力系统。与其他同等尺寸的游艇相比，WHY 游艇大大降低了能耗，每年能节约将近 200 吨柴油。

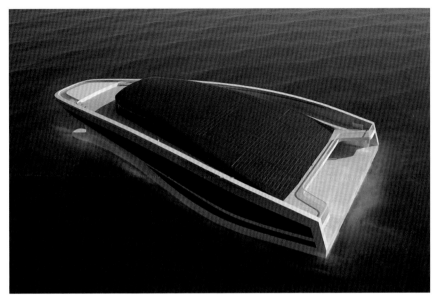

WHY 游艇外观

WHY 游艇内部

27 沃利王牌游艇

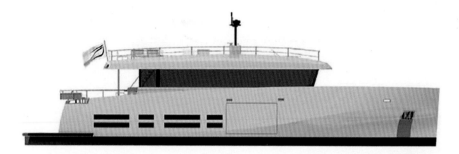

27 沃利王牌游艇是摩纳哥沃利游艇公司设计和制造的豪华运动游艇。

背景故事

27 沃利王牌游艇在延续沃利品牌的设计方式的前提下，成功走出与 118 沃利动力游艇截然相反的路线，为船主及乘客带来极致奢华、舒适的海上生活体验。虽然与 118 沃利动力游艇的设计方针大异其趣，但 27 沃利王牌游艇身上仍可看到一脉相承的设计风格。27 沃利王牌游艇的基础价格为 650 万欧元（约合 5370 万元人民币），就这样一艘兼备时尚和舒适的运动游艇而言，这一价格可谓物超所值。

基本参数	
长度	27.33 米
宽度	7.75 米
吃水	1.75 米
排水量	94 吨
最高航速	13 节 / 时

设计特点

27 沃利王牌游艇的艇身长度远小于 118 沃利动力游艇，但设计师有效地运用空间，为它营造出 282 平方米的总面积。在空间分布方面，27 沃利王牌游艇整体共分成了三层，其中顶层甲板的面积为 60 平方米，是一个非常适合日光浴和休闲的社交空间，上面放置了一张 3 米 ×3 米的巨大日光浴垫子，同时还备有一个设备齐全、带有吧台的酒吧，以及一张可容纳 8~10 人的沙发。至于面积达 120 平方米的主甲板则包含了两个社交区域，其中前方的区域放置了桌子和可供 8~10 人使用的沙发，而后方的区域则是用餐和休息区。主甲板层的一大特征是室内部分完全以落地玻璃间隔，因而令室内、室外的空间有一气呵成之感。最后一层，则是位于下方的客人休息及服务层甲板。

对一艘游艇来说，舒适并不只是在于拥有宽敞的空间，航行时的稳定性和可靠性也至关重要。为此，27 沃利王牌游艇采用了比同级艇宽了 10%~15% 的船壳，其厚度也比规定的多出了 50%，令其坚固性和稳定性均大幅提升，而较一般游艇更高的干舷，则令 27 沃利王牌游艇能更好地应对恶劣的天气及海面状况，同时也增加了内部的可用空间。动力方面，27 沃利王牌游艇配备了两台着重低转扭矩的发动机，当以 1300 转每分钟运行时，其巡航速度约为每小时 11 节，而油耗则可低至每海里 5 升，这对于一艘可承载 10 名乘客和 4 位船员、排水量超过 90 吨的运动游艇而言是非常了不起的数值。

27 沃利王牌游艇外观

27 沃利王牌游艇内部

48 沃利接驳游艇

48 沃利接驳游艇是摩纳哥沃利游艇公司设计和制造的小型游艇。

背景故事

48 沃利接驳游艇是沃利游艇公司加入法拉帝集团后推出的第一种新艇，全新的艇型具有沃利游艇标志性的设计和性能。该艇型本身就是一个独立的小型游艇，非常适合白天或夜间巡航，而不仅仅是大型游艇的接应艇。快捷、时尚、安全、空间宽阔是它的突出特点。2019 年 12 月 12 日，48 沃利接驳游艇在摩纳哥游艇展上完成全球首秀。2020 年 2 月，沃利游艇公司又为这款划时代的日间巡航艇推出了动力充沛的舷外机版本。

基本参数	
长度	14.5 米
宽度	4.4 米
吃水	1.2 米
排水量	11.5 吨
最高航速	38 节 / 时

设计特点

48 沃利接驳游艇拥有前沿设计和惊人的性能表现，既时尚经典又独具新意。最引人注目的设计当属可容纳一间标准套房的宽敞室内空间。该艇标配有可折叠的舷墙，可以极大地增加游泳平台的可用面积。与之相连的可伸缩舷梯同样也是标准配置，打开后还可用作游泳扶梯。该艇的主甲板布局旨在通过大量的座位与日光浴垫、以及户外餐区和装备精良的厨房区设计，为艇主及其亲友们提供一个愉快而舒适的户外空间。此外，该艇采用的标志性全包裹式护舷系统可以提供比传统防碰球更为周全的停泊保护方案。

48 沃利接驳游艇外观

48 沃利接驳游艇内部

丽娃 88 "超级多米诺" 游艇

丽娃 88 "超级多米诺" 游艇是意大利丽娃游艇公司设计和制造的一款豪华游艇。

背景故事

2015 年 5 月，丽娃 88 "超级多米诺" 游艇在摩纳哥蒙特卡洛进行了全球首秀。之后短短数周内，这款全新的丽娃酷派游艇就成功售出了 3 艘，每艘售价约为 6500 万元人民币。同年 9 月，丽娃 88 "超级多米诺" 游艇又在戛纳游艇节上与全球观众见面。之所以冠名为 "超级"，是因为它体现了丽娃系列的进化，并为游艇业的风格、舒适和性能建立了新的标准。

基本参数	
长度	26.85 米
宽度	6.25 米
吃水	1.8 米
排水量	63.2 吨
最高航速	38 节 / 时

设计特点

丽娃 88 "超级多米诺" 游艇拥有流畅利落的空气动力学外观，全新的阳光甲板突出了游艇的运动个性，为宾客提供了额外的舒适度；大型的艇体连贯大窗，拥有俊朗的设计；重新打造的艇艉区域增加了游艇的运动个性。艇艉的游泳平台可以整个沉入水中，成为潜水和从海中登船的方便平台，也可令接驳艇的下水和拖曳操作极为便捷。艉阴好比一间室外客厅，拥有舒适的 C 形沙发，前方是另一张正对着餐桌的沙发。通过玻璃门，进入室内，从艇艉至艇艏分别为起居室、餐厅和驾驶台。沙龙是一片开放式的空间，可以欣赏无与伦比的海景。驾驶台被移至右舷处，以便安装储物柜来间隔通往厨房和下层甲板的两组台阶。双人驾驶座椅由背后的落地式墙面隐藏。该墙面上安装有电视屏幕，可以电动控制转向餐区。通过台阶来到下层甲板的走廊，朝艇艏向前进是三间客舱，朝艇艉向走便会发现右舷处有一扇门，可以通往和艇体等宽的主卧套间。

丽娃 88"超级多米诺"游艇配备两台 2435 千瓦的 MTU 16V 2000 M93 发动机,极速可达每小时 38 节,巡航速度每小时 34 节。此外,也可选配两台 2638 千瓦的 MTU 16V 2000 M94 发动机,极速可达每小时 40 节,巡航速度每小时 35 节。

丽娃 88"超级多米诺"游艇外观

丽娃 88"超级多米诺"游艇内部

丽娃 122 "神话" 游艇

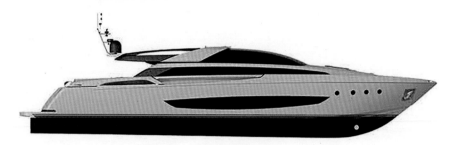

丽娃 122 "神话" 游艇是意大利丽娃游艇公司设计和制造的大型豪华游艇。

背景故事

丽娃 122 "神话" 游艇是意大利法拉帝集团旗下标杆品牌丽娃建造的第一艘轻质铝合金游艇，也是这一意大利历史性品牌有史以来建造的最大型游艇。2014 年 3 月 15 日，第一艘丽娃 122 "神话" 游艇在意大利安科纳 CRN 船厂正式下水。之后，该艇最终进行了装饰装修，并进行试航，最后于 2014 年 5 月初交付客户，售价约为 1 亿元人民币。

基本参数	
长度	37.49 米
宽度	7.59 米
吃水	2.29 米
排水量	163 吨
最高航速	28.5 节 / 时

设计特点

第一艘丽娃 122 "神话" 游艇的买家使用了选配的 3 间船舱版本，其奢华在于空间感和私密性。船厂的标准版本为 4 间船舱，5 间船舱的布局也可作为另一选配版本。该艇具有线条优美、空间宽敞的特点，艇上使用的主要材料包括浅色柔和的卡纳莱托胡桃木、皮革和镀铬不锈钢，沿袭了丽娃的传统风格。每一处细节都以简洁明快的线条为特色，打造出一种永恒的、自然的优雅风格。未受隔断的大型玻璃窗环绕整个主甲板，打造出令人惊叹的全景视野。沙龙和餐区被打造成为开放式空间；起居区配有卡佩利尼品牌的沙发组：3 张白色的皮革沙发和 2 把棕色的扶手椅形成对比。与沙发组配套的还有大型茶几、地毯和一对台灯。

丽娃 122 "神话" 游艇采用铝质的滑航型艇体，配备 2 台 MTU 12V 4000M 93L 发动机，可以达到每小时 28.5 节的最高航速以及每小时 25 节的巡航速度。丽娃 122 "神话" 游艇采用了一系列环保建造方案来减少对环境的影响，并获得了意大利船级社颁发的 "绿 +" 等级认证。

丽娃 122 "神话"游艇外观

丽娃 122 "神话"游艇内部

圣劳伦佐 56Steel 游艇

圣劳伦佐 56Steel 游艇是意大利圣劳伦佐公司设计和制造的大型豪华游艇。

基本参数	
长度	56 米
宽度	10.2 米
吃水	3 米
排水量	850 吨
最高航速	16 节 / 时

背景故事

2007 年，圣劳伦佐向客户交付了旗下建造的首艘金属游艇：铝制的 40Alloy，标志着超级游艇部门的正式成立。随后，这个部门设计和交付了诸多艇型，无一不是引领风潮的旗舰艇型：从 2010 年下水的 46Steel，到 2017 年下水的 52Steel，圣劳伦佐不仅在细节方面展示了无与伦比的创新能力，还从理念上打开了游艇航海的新边界，并不时探索海洋的极限。圣劳伦佐 56Steel 是在 52Steel 的基础上发展而来的，首艘 56Steel 于 2019 年 10 月售出，将于 2022 年 5 月交付使用。

设计特点

圣劳伦佐 56Steel 游艇外形线条由祖科纽姆国际项目工作室打造，在 52Steel 的基础上进一步将特点扩大，五层甲板共有 457 平方米的客人区域。艇主可以享受设计精美的 56 平方米主人舱豪华套房，位于上层甲板，面朝艇艏。而客人则可以选择住在位于主甲板的与艇同宽的 VIP 客舱，或是下层甲板上的 4 间超大客舱中。

艇尾的沙滩俱乐部可以容纳12名宾客，这个区域的亮点包括一块透明的天花板，可以让自然光线照射进来；沐浴平台则可以从沙龙直接进入，同样也可以通往游艇上的健身房。救生艇可以放在附属艇库内，此外附近还有额外的浮动附属艇仓库，最大可以容纳一艘8米长的小艇。

圣劳伦佐 56Steel 游艇外观

圣劳伦佐 56Steel 游艇内部

圣劳伦佐 500EXP 游艇

圣劳伦佐 500EXP 游艇是意大利圣劳伦佐公司设计和制造的大型豪华游艇。

基本参数	
长度	47 米
宽度	9.6 米
吃水	2.75 米
排水量	510 吨
最高航速	15 节 / 时

背景故事

圣劳伦佐 500EXP 是圣劳伦佐"探险家"系列游艇中最新和最大的型号，由圣劳伦佐 460EXP 演变而来，它具备了圣劳伦佐 460EXP 的所有优点，并为其增添了更多理想的功能。两种型号之间最大的区别是艇艉空间的扩展，以创造一个更大的空间，用以存放水上玩具和附属艇，还可以作为直升机停机坪，非常适合远程锚泊后期望上岸探险的客人。

设计特点

圣劳伦佐 500EXP 游艇宽敞而温馨，拥有现代时尚的内饰和大型舷窗，自然光线充足，可为客人展示壮观的风景和海景。主甲板是游艇的中心，设有大型客厅，以及带大型正式餐桌和休息座椅的超大主沙龙。主沙龙无缝地通向后部艉阱，与后部甲板相连，延伸出 1/4 的额外空间。主甲板的前方是令人印象深刻的主人套房，包括沙发区、男女独立浴室以及单独的私人办公室。两个 VIP 客舱和两个双人客舱与厨房和船员宿舍一起，位于游艇的下层甲板上。艇上可容纳 12 名宾客住宿，所有客舱均设有独立浴室。上层甲板设有船长室、驾驶舱、日用卫生间和第二个客舱沙龙，以及通往带有座位和太阳椅的艇艉甲板。沿上层甲板向上移动，日光甲板非常适合放松心情，欣赏海洋风景。这里设有大型户外用餐区、日光躺椅、座椅、咖啡桌以及按摩浴缸。下层甲板提供了更多的外部空间，配有储藏室、游泳平台和连接的附属艇舱，可以存放长达 7 米的小艇。

圣劳伦佐 500EXP 游艇专为环游世界而设计，拥有钢制船身和铝制上部结构结合的排水型船体，由两台 CAT C32 ACERT 发动机提供动力，以每小时 11 节巡航速度航行时可以达到 4500 海里的续航里程。

圣劳伦佐 500EXP 游艇外观

圣劳伦佐 500EXP 游艇内部

蒙地卡罗 MCY 86 游艇

蒙地卡罗 MCY 86 是意大利蒙地卡罗游艇公司设计和制造的一款豪华游艇。

基本参数	
长度	26.3 米
宽度	6.55 米
吃水	1.9 米
排水量	72 吨
最高航速	29 节 / 时

背景故事

蒙地卡罗 MCY 86 游艇是蒙地卡罗游艇公司旗下的第四款产品，2013 年 9 月在戛纳游艇展上进行了全球首秀。几个月后，该艇在亚洲找到了首位客户。拥有 23 米飞桥的蒙地卡罗 MCY 86 游艇完美地融合了精致风格与创新技术，也给高级定制提供了无限可能。每艘蒙地卡罗 MCY 86 游艇的售价约为 6500 万元人民币。

设计特点

蒙地卡罗 MCY 86 游艇的外部轮廓完美诠释了蒙地卡罗游艇的风格和理念。通过葡式廊桥可以直达游艇精致私密的会客区。宽敞而舒适的沙龙区则不论是白天还是夜晚都可让人尽情体验惬意愉快的海上生活。在这个开放又私密的空间里，人们可以悠闲地躺在舒适的沙发上，也可以和亲朋好友在此分享饕餮美食，还可以慵懒地享受海上的阳光和景色。

蒙地卡罗 MCY 86 游艇拥有宽敞的空间、精美的内饰。整个空间装饰全部使用名贵的木料和其他材质，比如来自沃尔泰拉的白色雪花石、大理石、乳白石灰石和威尼斯穆拉诺手工嵌花玻璃。内饰设计上，饰品、面料和家居全部来自国际时尚设计界最著名的品牌，包括爱马仕、阿玛尼以及皮埃尔·福雷等，每一处都熠熠生辉。

蒙地卡罗 MCY 86 游艇外观

蒙地卡罗 MCY 86 游艇内部

波音 BBJ 777X 公务机

波音 BBJ 777X 是美国波音公司设计和制造的一款超远程大型喷气式公务机。

基本参数 （BBJ 777-9)	
长度	76.73 米
高度	19.68 米
翼展	64.85 米
最大起飞重量	351500 千克
最大速度	892 千米 / 时

背景故事

2018 年 12 月 10 日，波音公务机部门在迪拜举行的 2018 年中东公务航空展上宣布启动 BBJ 777X 项目。这是一种新的波音公务机型号，其航程超过地球周长的一半，胜过波音其他所有公务机型号。波音 BBJ 777X 公务机有两种配置可供客户选择，即 BBJ 777-8 和 BBJ 777-9，前者售价为 3.94 亿美元（约合 27.3 亿元人民币），后者售价为 4.258 亿美元（约合 29.5 亿元人民币）。

设计特点

波音 BBJ 777X 公务机的内饰设计灵活多样，几乎不受限制，从而可以确保超远程旅行的舒适性。与波音以往的公务机相比，波音 BBJ 777X 公务机有一个新设计的折叠翼尖，以便在标准设计的机场起降进出。窗户更大，并且引入了全新的照明系统。

波音 BBJ777X 公务机外观

作为一款破纪录的宽体商务喷气机，波音 BBJ 777X 公务机无须中途加油，即可满足世界各地的飞行需求。BBJ 777-8 可以提供 11645 海里（21570 千米）的最远航程，以及 302.5 平方米的宽敞客舱。BBJ 777-9 的客舱更大，达到 342.7 平方米，同时提供 11000 海里（20370 千米）的超远航程。

波音 BBJ777X 公务机内饰设计

►►►► 豪客 800 公务机

豪客 800 是美国豪客比奇公司设计和制造的一款中型喷气式公务机。

基本参数	
长度	15.6 米
高度	5.5 米
翼展	16.5 米
空重	7108 千克
最大速度	每小时 830 千米

背景故事

豪客 800 公务机的诞生可以追溯到英国德•哈维兰公司设计和制造的德•哈维兰 125 型公务机。英国宇航公司对其进行了改进，并更名为 BAe 125-700 公务机。之后，又推出了 BAe 125-800 公务机。1993 年，英国宇航公司将喷气式公务机部门出售给美国雷神飞机公司，BAe 125-800 公务机更名为豪客 800 公务机。2007 年 3 月，雷神飞机公司被高盛资本收购，更名为豪客比奇公司。自此，豪客 800 系列公务机改由豪客比奇公司生产。该系列公务机有豪客 800、豪客 800XP、豪客 800XPi、豪客 850XP 和豪客 900XP 等多种型号。每架豪客 800XP 公务机的售价为 1.3 亿元人民币。

设计特点

豪客 800 公务机的客舱长 6.5 米，宽 1.83 米，高 1.75 米，内饰较为精美，座椅舒适度较高。该机装有 2 台霍尼韦尔 TFE731-5BR 型涡轮风扇发动机，单台最大推力为 20.7 千牛。在最大起飞重量、海平面、标准大气压条件下，起飞距离为 1534 米。该机配备了双轮胎起落架，可提供更高的稳定性。1993 年，非洲有一架豪客 800 公务机被导弹击中右侧发动机，造成该侧发动机在空中脱落，飞机的机身及襟翼同时被机枪射中，但飞机最后仍安全地降落。当时雷神飞机公司将这起航空意外事故作为豪客 800 公务机的宣传例证。

　　豪客 800 公务机保留了传统豪客飞机"满油、满座、满载"的能力，在典型的乘客 / 行李负荷下，有着较高的航程和较大的商载。该机有 2 名机组人员，正常情况下搭载 8 名乘客，特殊情况下最多可搭载 13 名乘客。该机的客舱容量较大，这意味着乘客有更多的头部和脚部空间。

豪客800公务机在夜间起降

豪客800公务机的客舱

豪客 4000 公务机

豪客 4000 是美国豪客比奇公司设计和制造的一款超中型喷气式公务机，是豪客系列公务机的旗舰机型。

背景故事

豪客 4000 公务机原名"豪客地平线"，2001年首次试飞。该机以先进的后掠翼设计、复合材料

基本参数	
长度	21.08 米
高度	5.97 米
翼展	18.82 米
空重	10104 千克
最大速度	893 千米 / 时

机身和划时代的航空电子设备，在公务机领域确立了一种全新的"超中型"级别。2008 年 6 月 6 日，豪客 4000 公务机取得美国联邦航空局合格证，成为世界上第一架取得美国联邦航空局合格证的复合材料超中型公务机。2008 年 9 月，因其卓越的性能和悠久的品牌，豪客 4000 公务机被美国《罗博报告》杂志评为年度"极品之选"之一。

设计特点

豪客 4000 公务机的机身采用全复合材料，这种材料比铝的重量更轻，强度更高，并具有出色的空气动力特性，以及高度抗疲劳和抗腐蚀性。该机的客舱高 1.83 米、宽 1.97 米。平整的地板贯穿整个客舱，通向容积为 2.51 立方米的行李舱，行李舱在飞行中和在地面上均可自由出入。豪客 4000 公务机采用标准的 8 座布局，配置了真皮行政座椅。客舱内饰基于广泛的装饰材料，完全客户个性化。该机装有 2 台普惠加拿大公司生产的 PW308A 涡轮风扇发动机，这种发动机可靠耐用，即使在高速巡航时也能安静运转。在最大起飞重量条件下，豪客 4000 公务机可以在 20 分钟内从海平面直接爬升至 12497 米高度。

豪客 4000 公务机有 2 名机组人员，正常情况下可搭载 8 名乘客，特殊情况下最多可搭载 14 名乘客。该机搭载 8 名乘客时最大航程可达 6100 千米，由于装备了双套

惯性导航系统、双套空气循环机和标准装备液压驱动的备用发电机，非常适合进行长航程的本土和洲际旅行。豪客4000公务机不仅飞行速度快，还拥有同级别飞机领先的跑道性能。在海平面及国际标准大气条件下以最大起飞重量17000千克起飞时，豪客4000公务机对跑道长度的要求仅为1374米。如需短距着陆，跑道长度的要求仅为762米。

豪客4000公务机外观

豪客4000公务机客舱

首相 IA 公务机

　　首相 IA 是美国豪客比奇公司设计和制造的一款轻型喷气式公务机。

背景故事

　　首相 IA 公务机是历史悠久的首相 I 公务机（1998 年首次试飞）的改进型，2005 年取得美国联邦航空管理局认证，其卓越的性能、舒适度和经济性在行业内有口皆碑。首相 IA 公务机曾以 1 小时 44 分钟的成绩从华盛顿飞抵西雅图，打破美国塞斯纳公司奖状公务机创下的纪录。2008 年 12 月，追求速度和效率的纳斯卡全美赛车冠军克林特·鲍耶尔选择首相 IA 公务机作为自己的空中座驾。每架首相 IA 公务机的售价约为 4400 万元人民币。

基本参数	
长度	14.02 米
高度	4.67 米
翼展	13.56 米
空重	3901 千克
最大速度	841 千米 / 时

设计特点

　　首相 IA 公务机采用全复合材料机身，有着优异的结构强度、效率和更高的抗疲劳和耐腐蚀性。该机满载时可搭乘 6 名乘客，搭乘 4 名乘客时的航程达 2095 千米，能够满足本土旅行的需要。它的经济性比大型公务机要高得多，每小时的直接运行成本仅为 975 美元。拥有轻型喷气式飞机的经济性的同时，首相 IA 公务机也拥有大型喷气式飞机的性能和品质，其客舱面积在同级别公务机中名列前茅。

首相 IA 公务机外观

首相 IA 公务机客舱

▶▶▶ 空中国王 350 公务机

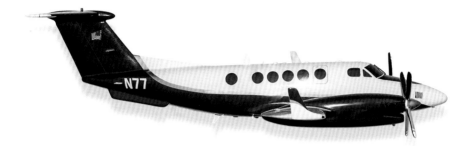

空中国王 350 是美国豪客比奇公司旗下"空中国王"系列公务机的旗舰机型。

基本参数	
长度	14.22 米
高度	4.37 米
翼展	17.65 米
空重	4516 千克
最大速度	578 千米 / 时

背景故事

"空中国王"系列公务机自 1964 年问世以来，陆续生产过 90、100、101、120、200 和 300 等多种型号，共有 6200 多架销售到数十个国家和地区，"空中国王"系列公务机在同级别飞机市场所占的份额高达 90%。空中国王 350 是"空中国王"系列公务机的新锐型号之一，2008 年开始交付使用，每架售价约为 4500 万元人民币。

设计特点

空中国王 350 公务机的中央俱乐部式豪华客舱可以搭乘 8 名乘客，油箱可携带足够飞行 2400 千米的燃油，同级别机型中较大的加温加压行李区可装载 520 千克行李。省油可靠的普惠加拿大公司 PT6-60A 发动机、福勒襟翼和皮实的双轮胎主起落架，赋予了空中国王 350 公务机出色的短距起降性能，使它可以在 1005 米的跑道上以最大重量起降。

空中国王 350 公务机的客舱堪称舒适性、便利性和艺术性的杰作。它为乘客提供了更多的头部、肩部及下肢活动空间。每个座椅都可以前、后、侧向滑动，椅背的倾斜度可以平滑地调节。

空中国王 350 公务机外观

空中国王 350 公务机客舱

湾流 G200 公务机

湾流 G200 是美国湾流飞机公司设计和制造的 款超中型喷气式公务机。

基本参数	
长度	18.97 米
高度	6.53 米
翼展	17.7 米
空重	8709 千克
最大速度	900 千米 / 时

背景故事

1958 年，美国格鲁曼公司推出专为商务应用设计的第一架公务机，即湾流 I 公务机。1966 年，湾流 II 公务机出厂，占领了大型座舱公务机市场。1973 年，阿伦·保尔森以 200 万美元的价格从格鲁曼公司购买了湾流飞机的生产线并接管了湾流各项计划，湾流飞机公司正式诞生。随后，湾流飞机公司先后研制生产了湾流 III、湾流 IV、湾流 V ，以及湾流 G100、湾流 G200 等机型，扩大了湾流公务机的规模。其中，湾流 G200 公务机于 1997 年 12 月首次试飞，1999 年开始交付使用。

设计特点

湾流 G200 公务机配备了美国罗克韦尔·柯林斯公司制造的 ProLine 4 航空电子系统，各种飞行数据由一块 7.25 英寸的液晶显示屏显示，阅读更方便，操作更简单。该机装有 2 台普惠加拿大公司的 PW306A 涡轮风扇发动机，单台最大推力为 26.9 千牛。机内共有 7 个油箱，总燃油量为 8532 升。在最大起飞重量条件下，湾流 G200 公务机的起飞距离为 1853 米，而当它执行大约 4630 千米的洲际任务时，它的起飞距离仅为 1524 米，这使它能轻松使用二、三线城市的中小型机场，为公务出行带来了极大的便利。

湾流 G200 公务机的客舱可容纳 8~10 名乘客，即使身形高大的乘客也可以轻松穿梭于舱内。该机有 3 种布局方式，公务 8 人布局可以乘载 8 名乘客，通过一前一后两组 4 座俱乐部式座椅组合为乘客带来最大的活动空间和行李存储空间。大众 9 人布局可以乘载 9 名乘客，带有面向前方的 4 座俱乐部式座椅组合。后座组合是一对面对面的 2 座座椅和一个 3 座的无靠背长沙发椅。经典 10 人布局可以乘载 10 名乘客，机舱前部是面向前方的 4 座俱乐部式座椅组合，机舱后部是 4 座会议座椅组合和一个无靠背的 2 座沙发椅。

湾流 G200 公务机俯视效果

湾流 G200 公务机的客舱

湾流 G280 公务机

湾流 G280 是美国湾流飞机公司设计和制造的一款超中型喷气式公务机。

基本参数	
长度	20.3 米
高度	6.5 米
翼展	19.2 米
空重	10954 千克
最大速度	1029 千米 / 时

背景故事

湾流 G280 公务机是湾流 G200 公务机的改进型，继承了湾流公务机的良好传统，集优越的性能、舒适度、安全性和性价比于一身。湾流 G280 公务机最初被称为湾流 G250 公务机，湾流飞机公司于 2008 年 10 月正式对外公布研发计划，原型机于 2009 年 12 月首次试飞。2011 年 7 月，更名为湾流 G280 公务机。2012 年 9 月，湾流 G280 公务机取得美国联邦航空局合格证。

设计特点

湾流 G280 公务机在湾流 G200 公务机的基础上进行了较大的改进设计，开始采用湾流机型常见的 T 形尾翼，加大、加宽机身，改善客舱舒适度，并选用高性能涡轮风扇发动机。该机配备了带有真空功能的洗手间，这不仅可以减少水资源的浪费，更能大幅降低异味。湾流 G280 公务机装有 2 台推力强大的霍尼韦尔 HTF7250G 型涡轮风扇发动机，并在机翼设计上引进了最先进的技术，大幅提高了飞机的爬升能力。在最大起飞重量条件下，湾流 G280 公务机可以在 20 分钟内直接爬升至 12496 米的高度。超强的配置还可以让湾流 G280 公务机在恶劣的气候条件下起飞。

湾流 G280 公务机配备了 PlaneView 250 驾驶舱，驾驶舱内管理系统性能卓越，湾流标志性的光标控制配件等配置大大提升了飞行员和飞机上电子设备的互动效率，并降低了飞行员的工作量。该机的客舱空间较大，有公务 8 人、大众 9 人和经典 10

人三种布局方式。舱内的空气净化系统能为乘客带来新鲜的空气，而 19 扇大型舷窗可以为乘客的舱内办公和休闲带来充足的阳光。

湾流 G280 公务机外观

湾流 G280 公务机客舱

▶▶▶▶ 湾流 G550 公务机

湾流 G550 是美国湾流飞机公司设计和制造的一款大型超远程喷气式公务机。

基本参数	
长度	29.39 米
高度	7.87 米
翼展	28.5 米
空重	21909 千克
最大速度	1041 千米/时

背景故事

湾流 G550 公务机的研发计划始于 1999 年，由湾流 V 公务机演变而来，所以一开始被命名为湾流 V-SP。该机于 2003 年正式推出，是人类飞行史上首架直航范围能从纽约直达东京的超远程公务机。由于湾流 G550 公务机杰出的表现，其开发团队荣获"罗伯特·科利尔奖"，这是目前航空领域的最高荣誉。到 2020 年，湾流飞机公司向全球销售了超过 600 架湾流 G550 公务机。除各大公务机公司及私人购买外，湾流 G550 公务机还有庞大的政府或军方用户，这些飞机往往被这些政府用作 VIP 或政府高级官员的出行。每架湾流 G550 公务机的售价约为 3.8 亿元人民币。

设计特点

湾流 G550 公务机提供了宽敞的空间和舒适的环境，机舱内有 4 个分区、3 个温度区域，中段座舱隔板，可将厨房及卫生间选装在机头或者机尾。机舱内的空气净化系统可为乘客提供新鲜空气，14 个大型椭圆窗户可让乘客充分感受阳光。湾流 G550 公务机在为乘客带来安全可靠、舒适卓越的飞行体验的同时，也为现代人的个性化追求提供了足够的发挥空间。机主可以根据自己的喜好选择不同风格的基本配置及丰富的附加设备组合。此外，湾流飞机公司还允许机主亲自参与机舱内部的布局设计。

湾流 G550 公务机是国际顶级远程喷气式公务机代表机型之一，航程为 12500 千米，最大巡航高度为 15545 米，可搭载 18 名乘客。即使在大风条件下，也能够从纽约飞到东京，以其高达 0.885 马赫（每分钟 9 英里）的巡航速度，湾流 G550 公务机比同类型公务机飞得更快更远。湾流 G550 公务机曾荣获 2011 年度"世界最好的大型远程公务飞机"三强之一，该榜单由全球顶级奢侈品研究机构罗博报告发布，每年评定一次。

湾流 G550 公务机外观

湾流 G550 公务机客舱

湾流 G650 公务机

　　湾流 G650 是美国湾流飞机公司设计和制造的一款喷气式公务机。

基本参数	
长度	30.41 米
高度	7.72 米
翼展	30.36 米
空重	27442 千克
最大速度	982 千米 / 时

背景故事

　　湾流飞机公司于 2005 年 5 月启动湾流 G650 公务机的研制计划，2008 年 3 月首次向公众披露，并在媒体会上称湾流 G650 公务机是湾流飞机公司最大、最快也是最贵的公务机。2009 年 11 月 25 日，湾流 G650 公务机首次试飞。2011 年 4 月，一架湾流 G650 公务机在测试中坠毁，于是所有湾流 G650 公务机被迫停飞。直至同年 5 月 28 日，结果查明并非飞机本身原因导致飞机坠毁才又开放测试。2012 年 9 月，湾流 G650 公务机取得了美国联邦航空管理局签发的飞行许可。

设计特点

　　为了使内部空间更为充裕，湾流 G650 公务机的机身截面被设计成椭圆形，而非传统的圆形。其客舱宽约 2.59 米，高约 1.96 米，两侧共有 16 个舷窗。该机配备了增强视觉系统、平视显示系统、合成视觉主飞行显示器、三层式飞行管理系统、三维天气雷达等先进的电子设备，提高了飞机的安全性。湾流 G650 公务机装有 2 台劳斯莱斯 BR725 涡轮风扇发动机，单台最大推力为 71.6 千牛。该机的飞行速度和航程在同级别飞机中名列前茅，能够从芝加哥直飞上海，从洛杉矶直飞悉尼，或者从纽约直飞迪拜而途中不需要降落加油。此外，该机的重量较轻，能避开繁忙的大型机场而在小型机场降落，以节约乘客的时间。

　　湾流 G650 公务机有 2 名机组人员，客舱空间较同类飞机更长、更宽，最多可同时容纳 18 名乘客。该机配备了厨房和独立通风的洗手间，舱内气压适宜，即使在高空中，乘客感觉也会相当舒适。湾流 G650 公务机还有多种娱乐设施，包括卫星电话、无线互联网等，为乘客营造出丰富多彩的飞行环境。

湾流 G650 公务机外观

湾流 G650 公务机客舱

猎鹰 900 公务机

猎鹰 900 是法国达索飞机公司设计和制造的一款三发远程喷气式公务机，其设计源自猎鹰 50 公务机。

基本参数	
长度	20.21 米
高度	7.55 米
翼展	19.33 米
空重	10255 千克
最大速度	1066 千米 / 时

背景故事

1983 年 5 月，法国达索飞机公司在巴黎航展宣布要改进猎鹰 50 公务机，改进后的机型被命名为猎鹰 900 公务机。与猎鹰 50 公务机相比，猎鹰 900 公务机的主要改进是增大了机身尺寸和最大航程。1984 年 9 月 21 日，猎鹰 900 公务机首次试飞，1986 年 3 月获得法国和美国的适航证书，1986 年 12 月开始交付使用。截至 2021 年 10 月，猎鹰 900 系列公务机仍在生产。

设计特点

猎鹰 900 公务机的机身为全金属半硬壳式结构，大量采用碳纤维和"凯芙拉"复合材料。机翼采用悬臂式下单翼，常规轻合金双梁抗扭盒形结构。手操纵全翼展前缘缝翼，液压操纵双缝式碳纤维襟翼和副翼，两侧机翼的襟翼前均有 3 块减速板，玻璃钢翼尖整流罩，前缘由发动机引气防冰。尾翼为悬臂式结构，平尾安装在垂尾中部，带下反角。方向舵下部的垂尾后缘部分及机身尾锥由芳纶材料制成，其余为全金属结构。

猎鹰 900 公务机搭载 3 台霍尼韦尔 TFE731-5BR-1C 涡轮风扇发动机，配备了先进的 EASy 飞航控制系统、霍尼韦尔"普里默斯"航空电子系统和自动油门，并可选装抬头动态航机导引系统。该机有 2 名机组人员，客舱最多可以搭载 19 名乘客。猎鹰 900 公务机的最大航程为 7400 千米，可从纽约直飞莫斯科，或者从利雅得直飞北京，抑或从东京直飞西雅图。

猎鹰900公务机外观

猎鹰900公务机客舱

猎鹰 2000 公务机

猎鹰 2000 是法国达索飞机公司设计和制造的一款双发远程宽体公务机。

基本参数	
长度	20.2 米
高度	7.06 米
翼展	21.4 米
空重	9405 千克
最大速度	1041 千米 / 时

背景故事

1989 年 6 月，法国达索飞机公司在巴黎航展宣布实施猎鹰 X 公务机的研制计划，用于取代猎鹰 20/200 公务机。1990 年 10 月，该计划正式启动，新型公务机被命名为猎鹰 2000。该机于 1993 年 4 月首次试飞，1995 年 3 月正式交付使用。除了基本型，猎鹰 2000 公务机还有两种衍生型：猎鹰 2000DX 公务机，减少载油量，缩短了航程；猎鹰 2000EX 公务机，增大了航程，装载新型 PW308C 型涡轮风扇发动机和航空电子设备。

设计特点

猎鹰 2000 公务机采用了猎鹰 900 公务机的前机身和机翼结构，与后者相比，猎鹰 2000 公务机在外观上最明显的改变是增大了机身后部的面积。机舱内部也有一系列的改进，包括使用更好的隔音材料。猎鹰 2000 公务机配备罗克韦尔·科林斯公司的机舱控制系统，包含 1 台 22 英寸的高清显示器，通过苹果公司的 iOS 设备可以在飞机的任何地方对其功能进行无线控制。同时，还有一个专门的应用程序，允许乘客控制娱乐方式、窗帘、灯光和温度。

猎鹰 2000 公务机最初装有 2 台霍尼韦尔 TFE731 型涡轮风扇发动机，后来换装普惠加拿大公司的 PW308C 型涡轮风扇发动机，单台最大推力为 68.6 千牛。该机配备了"塔隆 II"燃烧器，可在无任何功率损失的情况下使氮氧化物的排放量减少 20%。猎鹰 2000 公务机的客舱长 7.98 米，宽 2.34 米，高 1.88 米，方便乘客进行快捷的短途旅行。该机有 2 名机组人员，最多可以搭载 10 名乘客。在燃料充足的情况下，猎鹰 2000 公务机的最大航程超过 6000 千米，可从纽约直飞安克雷奇，或从新加坡直飞迪拜，或从北京直飞孟买。

猎鹰 2000 公务机外观

猎鹰 2000 公务机客舱

猎鹰 7X 公务机

猎鹰 7X 是法国达索飞机公司设计和制造的一款三发大客舱商务喷气式公务机。

基本参数	
长度	23.19 米
高度	7.86 米
翼展	26.21 米
空重	15456 千克
最大速度	953 千米 / 时

背景故事

猎鹰 7X 公务机作为"猎鹰"系列公务机的旗舰机型,毫无疑问地成为达索飞机公司的巅峰之作。该机于 2005 年 5 月首次试飞,2007 年获得美国联邦航空局和欧洲航空安全局双重认证,同年开始交付使用。截至 2021 年 10 月,已经有近 300 架猎鹰 7X 公务机交付使用,每架售价约为 3.7 亿元人民币。

设计特点

猎鹰 7X 公务机的内饰设计非常精良,先进的静音技术使客舱的噪音始终保持在 50 分贝以下。这项尖端技术的首次应用大幅提高了乘坐舒适度和愉悦感。先进的温度检测系统令整个客舱内温度始终维持在乘客需要的温度,使乘客倍感舒适。该机可根据客户的需求定制客舱,座椅布局和内饰均有多种选择供客户挑选。猎鹰 7X 公务机的多媒体配置非常丰富,电脑、传真机、电话、复印机、录像显示器和会议设备使每位乘客无论是进行商务活动还是娱乐消遣都能得心应手。

猎鹰 7X 公务机有 3 名机组人员,最多可搭载 16 名乘客。该机的设计航程达 11000 千米,可以轻松地把世界上任何两座城市联系在一起,如从北京到巴黎,或从上海到西雅图,或从成都到吉达。在标准载重量下,猎鹰 7X 公务机仅需要 630 米的距离就可以安全着陆。它也因此可以使用全球数百个其他喷气式飞机所不能停靠的机场,即使在高原、高温及对噪声要求限制苛刻的机场仍旧能够通行自如。

猎鹰 7X 公务机外观

猎鹰 7X 公务机客舱

挑战者 850 公务机

挑战者 850 公务机是加拿大庞巴迪宇航公司设计和制造的一款中型喷气式公务机。

基本参数	
长度	26.77 米
高度	6.22 米
翼展	21.21 米
空重	15440 千克
最大速度	1041 千米 / 时

背景故事

挑战者 850 公务机是由庞巴迪宇航公司的支线飞机 CRJ200 改进而成，沿用了支线飞机宽敞的机舱和翼展，融合了大客舱公务机的舒适性和灵活性的特点，于 2003 年更名为挑战者 850 公务机。2006 年 8 月，挑战者 850 公务机首次试飞，同年开始量产。

设计特点

挑战者 850 公务机在其支线飞机 GRJ200 前身的基础上做了许多修改，提高了飞机的可靠性和飞行性能。这些措施包括改进刹车系统、电脑控制飞行系统，并重新设计了机体，挑战者 850 公务机可以比其前身支线飞机 GRJ200 多携带 1814 千克燃料，且增加了有效载荷、航程和起飞重量。该机的驾驶舱配备了柯林斯 ProLine 4 航空电子系统、惯性导航系统、防撞系统、地面迫近警告系统和 WXR-840 彩色气象雷达等电子设备。

挑战者 850 公务机装有 2 台通用电气公司生产的 CF34-3B1 涡轮风扇发动机，单台最大推力为 41 千牛。该机的客舱最多可以配置 14 个乘客座椅，其标准的座椅配置是 12 座。座椅都采用真皮材质，而座椅设置也十分人性化，除了单个座椅外，还有可以供多人坐的沙发。客舱通常可分为 3 个独立的区域，客户可以定制个性化的客舱设施，如果把座椅数设定在 7~10 个，可以把多出的空间改为酒吧、套房或者办公区，甚至健身房也能定制到飞机上。舱内有盥洗室，以及配有微波炉、烤箱和冰箱的厨房。挑战者 850 公务机搭载 8 名乘客时的直飞航程为 5206 千米，可直飞纽约至都柏林、伦敦至吉达、新加坡至上海等航线。

挑战者 850 公务机外观

挑战者 850 公务机客舱

环球 7500 公务机

环球 7500 公务机是加拿大庞巴迪宇航公司设计和制造的一款大型喷气式公务机。

基本参数	
长度	33.9 米
高度	8.2 米
翼展	31.7 米
空重	25764 千克
最大速度	982 千米 / 时

背景故事

环球 7500 项目于 2010 年正式启动，最初命名为环球 7000。按照原计划，这款航程超过 13000 千米的喷气式公务机应在 2016 年交货，但基于公司层面的一些因素，其研发进度向后推迟了两年，最终于 2016 年 11 月首次试飞，2018 年 12 月交付使用，每架售价近 5 亿元人民币。2019 年 3 月初，环球 7500 公务机完成了全球公务航空历史上距离最远的一趟飞行，其从新加坡樟宜机场起飞，历经 16 小时 7 分钟的不经停直飞，抵达美国图森机场，全程 15098 千米。

设计特点

环球 7000 公务机采用宽敞的四舱布局，可容纳多达 19 名乘客，为大型公务飞机增添了一个新的类别。该机不仅拥有开放性的公共空间，在四舱布局的机身后部也保留了安静的私密空间，并在设计中考虑了与其他区域的连通性。该机的卧室、客厅、餐厅和厨房均采用了不同的装饰风格。客户可以根据自己的需求对飞机内部布局与装饰进行个性化的定制。环球 7500 公务机的舷窗面积较大，可为客舱吸收更多自然光线。该机的窗户可根据座位的不同对自然光进行优化，具有优质的观景角度。

环球 7500 公务机装有 2 台通用电气公司全新设计的"护照"涡轮风扇发动机，增加了多项关键技术，如整体叶盘、陶瓷基复合材料等，增加推力的同时，提高了燃油效率，为环球 7500 公务机优异的飞行性能提供了基础。该机的航程超过 15000 千米，可从北京直飞约翰内斯堡，或从上海直飞纽约，或从纽约直飞迪拜。在满油、标准运行条件下，环球 7500 公务机的起飞距离为 1768 米，能在更多跑道较短的机场起降。

环球7500公务机外观

环球7500公务机客舱

飞鸿 300 公务机

飞鸿 300 是巴西航空工业公司设计和制造的一款轻型喷气式公务机。

背景故事

2008 年 4 月 29 日，飞鸿 300 公务机在加维奥·培肖特工厂的试飞跑道上成功完成首次

基本参数	
长度	15.9 米
高度	5 米
翼展	16.2 米
空重	8000 千克
最大速度	955 千米 / 时

飞行。在接下来的几个月内，系列编号为 99801 的首架飞鸿 300 和另外三架飞鸿 300 公务机共同参加了飞行测试。2009 年下半年，飞鸿 300 公务机交付使用。截至 2021 年 10 月，飞鸿 300 公务机的产量已经超过 600 架，每架飞鸿 300 公务机的售价约合为 4700 万元人民币。

设计特点

飞鸿 300 公务机采用了加装翼梢小翼的后掠翼、单一加油口和一个可从机外排污的盥洗室。该机所采用的客舱布局最多可搭载 9 名乘客。容积达 2.15 立方米的超大行李舱可以方便地存放行李、高尔夫球具包和滑雪用具。

飞鸿 300 公务机搭载 2 台普惠加拿大公司的 PW535E 发动机，在搭乘 6 名乘客，并满足 NBAA IFR 规定的 35 分钟备份燃油和 100 海里备降距离的条件下，其航程可达 1800 海里（3334 千米）。该机以 955 千米 / 时的最大速度飞行时，能够达到 13700 米的飞行高度。这些能力使飞鸿 300 公务机的主人能够以比同级别飞机更低的运营成本，不经停地从纽约直飞丹佛或多米尼加共和国圣多明各，或从洛杉矶直飞底特律、亚特兰大甚至墨西哥墨西哥城。

飞鸿 300 公务机外观

飞鸿 300 公务机客舱

莱格赛 650 公务机

莱格赛 650 是巴西航空工业公司设计和制造的一款大型喷气式公务机。

背景故事

巴西航空工业公司主要针对商用、军用和公务机领域中具有高度增长潜力的特定市场，

基本参数	
长度	26.33 米
高度	6.76 米
翼展	21.17 米
空重	14160 千克
最大速度	850 千米 / 时

已经发展成为世界上最大的飞机制造商之一。莱格赛 650 作为巴西航空工业公司旗下公务机的主力机型，是一款可以跨洲飞行的公务机。2012 年，首架莱格赛 650 公务机交付中国香港影星成龙，并邀请成龙作为巴西公务机的形象代言人。每架莱格赛 650 公务机的售价约为 2.1 亿元人民币。

设计特点

莱格赛 650 公务机的客舱采用顶级内饰布置，内设真皮座椅、沙发椅、文件柜和用餐会议两用桌。该机还配有一间可准备冷热餐的宽敞厨房，一间位于后舱的盥洗室，以及衣柜、储藏间等。此外，还装有一套配备了 DVD 播放机和卫星通信设备的娱乐系统。莱格赛 650 公务机的行李舱空间较大，在飞行途中可轻松进出。该机有 2 名机组人员，客舱最多可搭载 14 名乘客。在搭载 8 名乘客时，莱格赛 650 公务机的航程超过 7000 千米，可从伦敦直飞纽约，从迪拜直飞伦敦或新加坡，从迈阿密直飞圣保罗，从新加坡直飞悉尼。

　　莱格赛650公务机装有2台劳斯莱斯AE 3007A2型发动机，单台最大推力为40.1千牛。该机配备了霍尼韦尔"普里默斯"航空电子系统，驾驶舱使用升级版的图形用户界面，不仅可以减轻飞行员的工作负荷，还有利于飞行员更明智、更快速地作出决定。"普里默斯"航空电子系统还为霍尼韦尔已经获奖的"合成视景系统"提供了升级空间。

莱格赛650公务机外观

莱格赛650公务机客舱

▶▶▶ 世袭 1000 公务机

世袭 1000 是巴西航空工业公司设计和制造的一款大型喷气式公务机。

基本参数	
长度	36.24 米
高度	10.57 米
翼展	28.72 米
空重	32133 千克
最大速度	1005 千米 / 时

背景故事

世袭 1000 公务机是巴西航空工业公司旗下公务机中最大的一款，2007 年 10 月首次试飞，2009 年 5 月交付使用。截至 2021 年 10 月，世袭 1000 公务机仍在生产，总产量约 30 架。每架世袭 1000 公务机的售价约为 3.4 亿元人民币。

设计特点

世袭 1000 公务机的内饰由巴西航空工业公司与英国普瑞斯特曼·古德公司共同设计，机内设有 5 个私密空间、2 个洗手间，可选装第三个洗手间和一个站立式淋浴室，并具备充裕的工作、休息及会议空间。机上可供选装的项目有无线保真技术、互联网接入和电子飞行包。

世袭 1000 公务机采用全球领先的电传操作系统，最大飞行速度达 1005 千米 / 时。在符合 NBAA IFR 规定的备份燃油条件下，世袭 1000 公务机搭载 8 名乘客时的航程可达 4400 海里 （8149 千米），搭载 4 名乘客时则达 4500 海里 （8334 千米）。这表示世袭 1000 公务机可从纽约直飞莫斯科。

世袭1000公务机外观

世袭1000公务机客舱

比亚乔 P.180 公务机

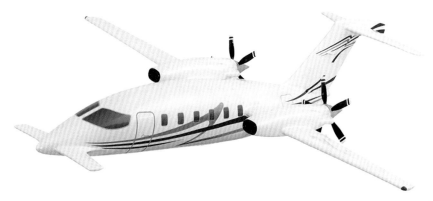

比亚乔 P.180 是意大利比亚乔公司设计和制造的一款喷气式公务机,绰号"前进"。

基本参数	
长度	14.41 米
高度	3.97 米
翼展	14.03 米
空重	3400 千克
最大速度	741 千米 / 时

背景故事

1980~1981 年,比亚乔 P.180 公务机在美国和意大利进行了风洞测试,最初由比亚乔公司与李尔喷气机公司合作,但合作计划不久后就中止了,比亚乔公司继续 P.180 公务机的研发。原型机于 1986 年 9 月 23 日首次试飞,1990 年 3 月取得意大利和美国的适航证,同年开始交付使用。截至 2021 年 10 月,比亚乔 P.180 公务机仍未停产,总产量超过 240 架。

设计特点

与其他公务机相比,比亚乔 P.180 公务机的前翼设计较为独特,主翼位置被后移,使其成为鸭式布局,但仍使用传统飞机所采用的水平安定面作为飞机俯仰的平衡,同时采用独特的后推式螺旋桨。由于主翼较传统飞机后移,比亚乔 P.180 公务机采用了中单翼的设计,主翼的翼梁不需穿越机舱,使客舱得到较大的空间。

比亚乔 P.180 公务机配备 2 台普惠加拿大公司的 PT6A-66B 型涡轮螺旋桨发动机,噪声值小,可靠性高,单台最大功率为 630 千瓦。该机的低空性能极为出色,在 1000 米的短跑道便能轻松起降。在配有 2 名飞行员时,比亚乔 P.180 公务机的客舱能够容纳 7~9 名乘客,最多可以为 11 名乘客提供舒适的乘机环境。

比亚乔 P.180 公务机外观

比亚乔 P.180 公务机客舱

劳斯莱斯幻影 VIII 轿车

劳斯莱斯幻影 VIII 是英国劳斯莱斯汽车公司设计和制造的一款前置后驱四门轿车，是幻影系列的第八代车型。

基本参数（标准版）	
长度	5762 毫米
宽度	2018 毫米
高度	1646 毫米
轴距	3552 毫米
整备质量	2560 千克

背景故事

1925 年，劳斯莱斯历史上最成功的车型幻影诞生。之后，它很快便成为各界领袖们的座驾，随之经历了 20 世纪人类历史的诸多重大时刻。从第一代起，幻影便以傲视群雄的姿态屹立于车坛，近一个世纪之后，幻影已经发展至第八代。幻影 VIII 的设计师为贾尔斯·泰勒、帕夫莱·特里纳和克里斯·迪夫，该车型 2017 年开始量产，标准版的官方指导价为 790 万元人民币。

设计特点

劳斯莱斯幻影 VIII 首次采用了铝质车身架构，在车重更轻的前提下，车身刚性较上一代增强了 30%。外观部分，巨大的进气格栅比上一代更高，"欢庆女神"的位置也随之高出约 12 毫米。车身侧面线条更加简洁流畅，同时后风挡比历代幻影倾斜度更大。在内饰部分，幻影 VIII 的"艺境藏珍"画廊以现代奢华风格重新诠释了汽车仪表台设计。"艺境藏珍"画廊是一块高级定制的艺术区域，所有元素由一整块钢化玻璃密封并延伸至整个仪表区。

劳斯莱斯的工程师专为幻影 VIII 设计了全新的 6.75 升 V12 双涡轮增压发动机，在保证 900 牛米的惊人扭矩和每分钟 1700 转超低转数的同时，功率可达 430 千瓦。

这意味着发动机在低转速下有更高的输出动力，从而带来更安静的驾乘体验。另外，该车型采用了卫星辅助传动系统搭配 ZF 八速自动变速箱，同时搭配四轮转向系统和新一代自适应空气减振器，使驾乘感受更加舒适。

劳斯莱斯幻影 VIII 外观

劳斯莱斯幻影 VIII 后排空间

劳斯莱斯库里南运动休旅车

劳斯莱斯库里南是英国劳斯莱斯汽车公司设计和制造的一款前置四驱运动休旅车。

基本参数	
长度	5341 毫米
宽度	2164 毫米
高度	1835 毫米
轴距	3295 毫米
整备质量	2660 千克

背景故事

劳斯莱斯库里南是劳斯莱斯历史上第一款运动休旅车，名字源自南非发现的世界上最大的天然单体钻石，这颗钻石目前镶嵌在英国王室皇冠上，所以这个名字体现了劳斯莱斯对品质的极致追求。库里南与幻影 VIII 出自同一平台，也是劳斯莱斯推出的第二款铝制结构车型。该车型于 2018 年开始量产，官方指导价为 610 万 ~780 万元人民币。

设计特点

劳斯莱斯库里南的车头方方正正，采用帕特农神庙样式进气格栅，搭配矩形前大灯组。发动机盖上隆起的线条让整车的威严感更加强烈，劳斯莱斯车标和"欢庆女神"伫立于车头。该车采用对开门设计，开门时车身会自动下降 40 毫米，方便乘客上下车，启动后车身则会自动升高。在车尾，库里南有一个浪漫功能——伸缩式览景座椅，只需一键开启，隐蔽在后备厢的两个真皮座椅和鸡尾酒桌便会缓缓展开。内饰方面，库里南大量使用高档真皮覆盖，并采用大量平直的线条，中控面板的边框由手工打磨的金属条包裹。副驾驶座前镶嵌了一块石英表，彰显了属于劳斯莱斯特有的贵族气质。

劳斯莱斯库里南放弃了劳斯莱斯一直以来沿用的 V12 自然吸气发动机，转而使用全新设计的6.75升V12双涡轮增压发动机，最大功率419千瓦，峰值扭矩850牛米。与发动机匹配的是八速自动变速箱和全时四驱系统，官方给出的0~100千米/时加速时间为5.2秒。

劳斯莱斯库里南外观

劳斯莱斯库里南后排空间

宾利慕尚轿车

宾利慕尚是英国宾利汽车公司设计和制造的一款前置后驱四门轿车。

基本参数	
长度	5575 毫米
宽度	1926 毫米
高度	1521 毫米
轴距	3266 毫米
整备质量	2650 千克

背景故事

宾利慕尚是近 80 年来第一款由宾利自主设计的旗舰车型，取代了宾利雅致。慕尚的名字源自勒芒 24 小时耐力赛的比赛地——全长 13.626 千米的萨尔特赛道。发车之后，经过一连串中高速弯，再拐过特鲁热弯，车手们就会来到著名的慕尚直道，在这条曾经总长 6 千米的大直路上曾出现过令人咋舌的 405 千米时速。宾利慕尚于 2010 年开始量产，分为标准版、极致版和长轴距版。标准版的官方指导价为 498 万元人民币。由于销量不佳，宾利于 2020 年 6 月宣布放弃宾利慕尚下一代车型的研发工作。

设计特点

宾利慕尚车系采用明快凌厉、灵动流畅的特征线条，其超塑成型铝合金车身轮廓清晰、棱角分明，以现代设计方式鲜明地诠释了标志性的经典宾利设计风格，也造就了震慑人心的道路表现力。一体式保险杠、格栅、发动机罩和翼子板交相呼应、协调搭配，令车辆整体外观更显宽阔雄健、大气庄重。饰有亮面不锈钢垂直叶子格栅的散热器壳带来惊艳夺目的视觉冲击力。宾利慕尚车系拥有精美绝伦的内饰设计，可为驾乘者营造更加优雅奢华的静享空间。只有经甄选的上乘真皮和精美饰面，才能用于装饰慕尚座舱。此外，内饰环境还可配置丰富多样的个性化定制选项。与标准版相比，极致版拥有更富动感的驾驭体验；长轴距版专为后排乘客设计，额外的腿部空间带来更宽敞的舒适空间。

宾利慕尚车系采用 6.75 升 V8 双涡轮增压发动机。ZF 八速自动变速箱与后轮驱动相结合，可实现平顺换挡、无缝加速，同时有效提高燃油经济性并减少二氧化碳排放。宾利慕尚的动态驾驶控制系统可通过换挡杆旁边的旋转开关来操作，有三种标准驾驶模式，即宾利模式、舒适模式和运动模式，这些模式可提供悬架和转向系统的精确校准。

宾利慕尚外观

宾利慕尚后排空间

宾利添越运动休旅车

宾利添越是英国宾利汽车公司设计和制造的一款前置四驱运动休旅车。

基本参数	
长度	5141 毫米
宽度	1998 毫米
高度	1742 毫米
轴距	2992 毫米
整备质量	2440 千克

背景故事

宾利添越是宾利旗下首款运动休旅车，定位高端奢华，其目标人群为购买过或有意向购买宾利慕尚或劳斯莱斯幻影的车主。2015 年 9 月 9 日，宾利正式发布了宾利添越的官方图片。当月中旬，宾利添越在法兰克福车展上全球首发。宾利添越的首位车主是英国女王伊丽莎白二世。该车的官方指导价为 246.2 万 ~398 万元人民币。

设计特点

宾利添越采用宾利家族化的外观设计，拥有较高的品牌辨识度，而在一些细节上，它沿袭了宾利 EXP 9 F 概念车的设计灵感，使之看起来更加精致。宾利添越的内饰延续了宾利的奢华风格，从里到外均采用手工木质与皮革材料。在功能区设计上，添越采用了传统的布局，虽不抢眼却便于操作。宾利添越拥有四座和五座两种版本，座椅均采用上等牛皮缝制，并拥有至少 15 种可选的配色方案。另外，在舒适度设计上，它的前后排座椅均具有按摩、加热、通风等功能。后排配备宾利娱乐平板电脑，拥有 10.2 英寸触摸屏。

添越搭载 1 台 6LW12 双涡轮增压发动机，最大输出功率为 447 千瓦，峰值扭矩为 900 牛米。与发动机匹配的是八速自动变速箱。官方称，该车 0~100 千米 / 时加速时间为 4.1 秒，最高速度可达每小时 301 千米。宾利添越可提供多达 8 种公路与越野驾驶模式，将宾利原汁原味的奢华和性能展现得淋漓尽致。该车型不仅能在宽阔的道路上疾驰，也能在各种野外路况下行驶，即使纵横倾角达 35°的严苛地形，也能轻松翻越。安全设施方面，添越配备了自适应巡航控制系统，包括起停控制、预测性自适应巡航控制系统和交通辅助系统。

宾利添越外观

宾利添越后排空间

法拉利恩佐超级跑车

法拉利恩佐是意大利法拉利汽车公司设计和制造的一款中置后驱超级跑车。

基本参数	
长度	4702 毫米
宽度	2035 毫米
高度	1147 毫米
轴距	2650 毫米
整备质量	1480 千克

背景故事

法拉利恩佐超级跑车以法拉利汽车公司创始人的名字恩佐·法拉利命名，在 2002~2004 年生产。该车原计划制造 349 辆，但由于符合购车条件的买家超出预定的产量，所以增至 399 辆，另外还有一辆特别款赠送给罗马教皇后拍卖，所得收益全部捐赠给 2004 年南亚海啸灾民。该车发布时的售价达到 60 万美元约 383 万人民币，如今二手车的价格也已经超过 150 万美元约 957 万人民币。

设计特点

法拉利恩佐的车体大量采用先进的复合材料，部分由碳纤维夹板以及蜂窝状铝材制成。采用这些材料不仅保证了车壳的最小化重量，而且有利于外形的塑造，完美地将技术与风格糅合在一起。车头的进气口以及中央凸起的部分，完全是 F1 赛车车鼻的翻版。纵向的双氙前大头灯簇，也显示出与众不同的性格特征。车顶非常紧凑，平滑向后微缩，以达到出色的空气动力学要求。车尾没有采用尾翼，使整车看起来更加紧凑。蝶翼式的车门与车顶以及前挡泥板相连开合，这是基于人体工学的考虑：纵向上升也可以使驾驶者更方便进入座椅，而车顶部分上升甚至可以让驾驶者从上方进入车内。

法拉利恩佐采用了大量 F1 赛车的技术，并配备 F1 赛车的顺序换挡变速箱和超大的碳纤维陶瓷刹车盘。该车型的动力源自 1 台 12 缸的自然吸气发动机，V 形 65°夹角结构，是一台借鉴了大量 F1 技术后，完全重新设计的发动机。该款发动机（开发代号 F140）的特性是 6.0 升排量，压缩比为 11.2，最大功率 485 千瓦，峰值扭矩 657 牛米。法拉利恩佐的官方 0~100 千米 / 时加速时间为 3.65 秒，极速达到了每小时 350 千米以上。

法拉利恩佐外观

法拉利恩佐内饰

法拉利拉法超级跑车

法拉利拉法是意大利法拉利汽车公司设计和制造的中置后驱超级跑车。

背景故事

法拉利拉法是首款完全由法拉利自主研发的车型，宾尼法利纳公司没有提供任何技术支持。在2013 年日内瓦车展上亮相后，法拉利拉法就成了接棒法拉利恩佐的旗舰车型，全球限量 499 台也标志着它不同寻常的身份。2016 年 8 月，厂方宣布额外生产第 500 辆供慈善拍卖所用，所得收益将全数捐给 2016 年意大利中部地震的灾民。法拉利拉法的官方指导价为 2250 万元人民币。与此同时，为了纪念品牌成立 70 周年，法拉利还发布了法拉利拉法的敞篷版本，限量 200 辆。

基本参数	
长度	4702 毫米
宽度	1992 毫米
高度	1116 毫米
轴距	2650 毫米
整备质量	1585 千克

设计特点

法拉利拉法的车身架构在设计之初就对法拉利设计团队提出了挑战。当时的目标是在采用体积庞大的混合动力系统的前提下，实现理想的重量分布（59% 的重量分布在后部）以及紧凑的轴距。最终结果就是所有重量集中于车辆前后轴之间并尽可能地降低车身重心（降低了 35 毫米），从而保证了前所未有的空气动力效率以及紧凑而舒适的尺寸。驾驶舱的布局在这方面起到了非常重要的作用。固定式座椅经过特别定制，而踏板区和方向盘均可调节。驾驶位置类似于单座赛车。底盘采用了四种以上不同类别的碳纤维，全部手工层压处理并由赛车部门采用与 F1 赛车相同的设计和生产工艺高压铸造。

　　法拉利拉法拥有超凡极致的性能表现、空气动力效率以及操控性，为超级跑车树立了新的标杆。该车型采用被称为 HY-KERS 的混合动力系统，1 台 6.3 升 V12 自然吸气发动机可输出 587 千瓦的最大功率，电动机独立输出 120 千瓦，使法拉利拉法的联合输出功率高达 707 千瓦。该车配备动态车辆控制系统，这是该系统首次将主动式空气动力学设计和 HY-KERS 系统同时整合在一款公路跑车上。法拉利拉法的 0~100 千米 / 时加速时间小于 3 秒，而加速至每小时 300 千米更只需 15 秒，极速高达每小时 350 千米以上。

法拉利拉法外观

法拉利拉法内饰

兰博基尼毒药超级跑车

兰博基尼毒药是意大利兰博基尼汽车公司设计和制造的中置四驱超级跑车。

基本参数	
长度	5020 毫米
宽度	2075 毫米
高度	1165 毫米
轴距	2700 毫米
整备质量	1490 千克

背景故事

为庆祝兰博基尼建厂 50 周年，兰博基尼在 2013 年日内瓦车展上推出了一款纪念版超级跑车，即兰博基尼毒药。根据兰博基尼的传统，毒药的名称也源自一头著名斗牛，它是斗牛历史上最敏捷的斗牛，曾使著名斗牛士何塞·桑切斯·罗德里格斯在舞台上身受重伤。兰博基尼毒药在 2013~2014 年生产，总产量为 14 辆（5 辆硬顶版和 9 辆敞篷版），官方指导价为 300 万欧元（约合 2500 万元人民币）。

设计特点

兰博基尼毒药将空气动力学与美学进行了完美的融合，配合可调节的尾翼、独一无二的轮毂和辨识度较高的尾灯，即使静止不动也格外引人注目。车身几乎全部由碳纤维增强聚合物制成，每一条线和每一个棱角都能最大限度地减少风阻和增加操作稳定性。发动机盖上的竖版有梳理气流的作用，同时可以防止车辆发生事故后翻滚，这种设计灵感来源于耐力赛车。车尾的设计棱角分明，几乎没有一块是封闭的。内饰面板大量采用碳纤维材料，充满运动气息。

兰博基尼毒药的设计兼顾空气动力学性能和稳定性，具有良好的道路适应性。该车型搭载 6.5 升 V12 自然吸气发动机，最大功率 552 千瓦，峰值扭矩 690 牛米，配合七速变速箱和全时四轮驱动系统，0~100 千米 / 时加速时间仅需 2.8 秒，极速超过每小时 354 千米。

兰博基尼毒药外观

兰博基尼毒药内饰

玛莎拉蒂 MC12 超级跑车

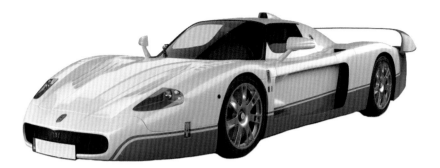

玛莎拉蒂 MC12 是意大利玛莎拉蒂汽车公司设计和制造的一款中置后驱超级跑车。

基本参数	
长度	5143 毫米
宽度	2096 毫米
高度	1205 毫米
轴距	2800 毫米
整备质量	1497 千克

背景故事

1957 年，玛莎拉蒂正式退出了赛道，开始专注开发民用车型。2004 年，玛莎拉蒂凭借玛莎拉蒂 MC12 超级跑车重返赛道。根据 FIA GT1 赛事规定，参赛车型必须量产过 25 辆民用版本，所以玛莎拉蒂在 2004 年推出了 25 辆蓝白涂装的玛莎拉蒂 MC12 民用版，一经发布就被抢购一空。2005 年又追加生产了 25 辆，官方指导价为 258 万美元（约合 1800 万元人民币）。2004—2010 年，多支车队驾驶玛莎拉蒂赛车参加世界超级锦标赛，在此期间，玛莎拉蒂 MC12 赛车赢得 14 个 FIA 国际冠军头衔和 22 场比赛，另外还有 3 次斯帕 24 小时耐力赛冠军。

设计特点

玛莎拉蒂 MC12 的车身完全是由碳纤维构成，底盘则是由碳纤维和诺梅克斯（Nomex，一种轻质耐高温芳香族聚酰胺）组成的蜂窝夹层结构。底盘下的两个铝质支柱作为辅助装备能够有效地吸收冲力，从而带来更好的安全性能。发动机罩上的曲线经过 6 排巨大的栅栏延伸至车头，那里是经典的三叉戟标志。同时玛莎拉蒂 MC12 的双氙气头灯作为一个组件，是可以拆卸的。车侧的通气孔通道从前轮延伸至后轮，也有助于提升空气动力效率。

玛莎拉蒂 MC12 搭载 6 升 V12 自然吸气发动机，可在每分钟 7500 转时爆发出 462 千瓦的功率，在每分钟 5500 转时达到峰值扭矩 652 牛米，最高车速超过每小时 330 千米，0~100 千米 / 时加速时间仅需 3.8 秒。为了能够配合强大的动力输出，玛莎拉蒂 MC12 配备了六速变速箱。驾驶者可以直接使用方向盘后面的拨片进行换挡。先进的悬挂系统和配备倍耐力轮胎的 19 英寸轮毂更使玛莎拉蒂 MC12 如虎添翼。

玛莎拉蒂 MC12 外观

玛莎拉蒂 MC12 内饰

阿斯顿·马丁 One-77 超级跑车

阿斯顿·马丁 One-77 是英国阿斯顿·马丁汽车公司设计和制造的一款前置后驱超级跑车。

基本参数	
长度	4601 毫米
宽度	2204 毫米
高度	1222 毫米
轴距	2791 毫米
整备质量	1630 千克

背景故事

阿斯顿·马丁 One-77 是英国超级跑车品牌阿斯顿·马丁于 2009 年 6 月在巴黎车展上推出的旗舰车型。该车在 2009~2012 年量产，仅制造了 77 辆，官方指导价为 4700 万元人民币。阿斯顿·马丁 One-77 提供了左舵版和右舵版，以满足不同客户的需要，其座位被限制为两个。

设计特点

阿斯顿·马丁 One-77 的车身覆盖件由手工加工的铝板组成，而其一体化的车身结构则由碳纤维制造。该车型采用了全新的整体化进气格栅，因而前脸更具个性。而其尾部也采用了全新的设计，后备厢盖微微上扬，凸显出动感与强劲的跑车特质，并与前脸的新设计相得益彰。内饰方面，阿斯顿·马丁 One-77 使用了全新的奢华内饰，中控台上使用了纯玻璃质地的挡位切换按钮，体现了阿斯顿·马丁精湛的手工技艺。

阿斯顿·马丁 One-77 搭载一台 7.3 升 V12 自然吸气发动机，最大功率 559 千瓦，峰值扭矩 750 牛米，可在 3.5 秒内完成 0~100 千米 / 时加速，最高速度达到每小时 354 千米。与发动机匹配的是六速手自一体变速箱，由一个电动液压系统控制。除了强劲的动力，阿斯顿·马丁 One-77 还使用了碳纤维一体式底盘结构、复合陶瓷刹车系统以及可调的悬挂系统。

阿斯顿·马丁One-77外观

阿斯顿·马丁One-77内饰

布加迪威龙超级跑车

布加迪威龙是法国布加迪汽车公司（现为德国大众集团旗下品牌）设计和制造的一款中置四驱超级跑车。

背景故事

2001 年，大众集团宣布正在研发中的布加迪新车正式被命名为布加迪威龙 EB 16.4，其中"Veyron"是为了纪念布加迪品牌历史上功勋卓著的工程师皮埃尔·威龙，他曾驾驶布加迪 57S 赛车赢得 1939 年勒芒 24 小时耐力赛冠军。"EB"是其品牌创始人埃托里·布加迪首字母缩写，"16.4"则代表它的发动机拥有 16 个汽缸以及 4 个涡轮增压器。2005 年，布加迪威龙开始量产，到 2015 年停产时一共制造了 450 辆，官方指导价为 2500 万~4300 万元人民币。

设计特点

布加迪威龙的车身设计虽然富有动感和艺术性，但除了保持布加迪的特有元素外，其余一切不得不向"速度"妥协：减少风阻的后视镜、升起后提升压力的尾翼、保持稳定的车底导流槽和压缩到极限的行李厢。布加迪威龙很好地把握了力学和美学的平衡点，其车体由高强度铝合金加碳纤维制造，研发和制造的过程已经涉及 F1 赛车和航空航天等高科技领域，造价超过 500 万元人民币的车体，重量轻、强度高。不过即使这样，车长不到 4.5 米的布加迪威龙车重依然超过了 1900 千克。布加迪威

基本参数	
长度	4462 毫米
宽度	1998 毫米
高度	1159 毫米
轴距	2710 毫米
整备质量	1990 千克

龙的车轮由米其林量身定制，前后车轮使用了胎幅不同的轮胎，在减少摩擦阻力的同时也保证了以后轮驱动为主的稳定性。

布加迪威龙搭载大众专门研发的 W16 发动机，可以说是 2 台 V8 发动机共用一根曲轴的产物。该发动机配备了 4 个涡轮增压器，排量达到了 8 升，最大功率高达883 千瓦，同时，在极低的每分钟 1000 转时即可输出 730 牛米的庞大扭矩，在每分钟 2200 转时就可以迸发出 1250 牛米的峰值扭矩，这种扭力会一直持续到每分钟5500 转。强大的动力带来的结果显而易见：从静止加速至 100 千米 / 时仅需 2.5 秒，加速至 200 千米 / 时仅需 7.3 秒，加速至 300 千米 / 时仅需 16.7 秒，加速至 400 千米 / 时仅需 55.6 秒，最高速度达到每小时 407 千米。

布加迪威龙外观

布加迪威龙内饰

布加迪迪沃超级跑车

布加迪迪沃是法国布加迪汽车公司设计和制造的一款中置四驱超级跑车。

基本参数	
长度	4641 毫米
宽度	2018 毫米
高度	1212 毫米
轴距	2711 毫米
整备质量	1961 千克

背景故事

布加迪素来专注于直道和极速上的表现，例如布加迪威龙和布加迪凯龙，虽然动力无穷，但是由于自身重量过大，在弯道上总是不那么灵敏，直到布加迪迪沃的出现才改变了这一局面。该车的研发目标就是敏捷转向，还有绝佳的转向手感。布加迪迪沃在外观的空气动力学方面做了较大的调整，悬挂和底盘也经过精心设计，与布加迪凯龙相比轻了 35 千克。布加迪迪沃于 2019 年开始生产，限量生产 40 辆，官方指导价为 4000 万元人民币。

设计特点

布加迪迪沃有着比布加迪凯龙更加低矮且激进的外观设计，更为考究的空气动力学以及轻量化套件，很明显是为了让其具有更加灵巧的操控表现。此外，更加犀利且细长的前灯带、致敬此前布加迪经典车型的碳纤维车顶设计都增添了其专属的辨识度。尾部保持了固有的激进设计并进行了加宽处理，能给新车带来相较布加迪凯龙额外多出的 90 千克下压力。考虑到定制化的程度，可以说没有两辆布加迪迪沃是完全相同的。例如，车主可以选择车身、中线、车顶、发动机盖的颜色，以及轮毂、进气口和空气动力学元素的装饰。而在车内，众多的装饰材料可供选择，还可以添加定制的装饰。

布加迪迪沃配备了独特的车身和内饰，其调校更多的是为了在赛道上雕琢，而不是试图打破陆地速度纪录。该车搭载 W16 涡轮增压发动机，搭配四驱系统和双离合变速器，最大功率可达 1103 千瓦，0~100 千米 / 时加速仅需 2.4 秒。

布加迪迪沃外观

布加迪迪沃内饰

帕加尼风神超级跑车

帕加尼风神是意人利帕加尼汽车公司设计和制造的一款中置后驱超级跑车。

基本参数	
长度	4605 毫米
宽度	2036 毫米
高度	1169 毫米
轴距	2795 毫米
整备质量	1350 千克

背景故事

在 2011 年日内瓦车展上，帕加尼发布了全新的 V12 跑车——Huayra。新车型采用鸥翼车门设计，内饰极为奢华。该车取代风之子成为帕加尼汽车公司的旗舰车型，官方指导价高达 2900 万元人民币。Huayra 在西班牙语中有"风神"的意思，而这也延续了 Zonda（风之子）的命名风格。据了解，帕加尼风神的改变主要是为了迎合美国和中国两个市场的消费需求。

设计特点

帕加尼风神引入了主动式空气动力学系统，可切换前端离地高度，并独立控制车辆左前、右前、左后、右后四个襟翼。这四个襟翼的行为由一个从不同系统中（如防抱死制动系统、电子控制单元，可传递车速、车体转向角度、横向加速度、转弯角及油门位置等信息）获取信息的独立控制单元单独控制。旨在根据情况达到最小的阻力系数，或最大的下压力。帕加尼风神的设计师称其阻力系数可在 0.31~0.37 变动。该系统也可通过过弯时抬高"内部"襟翼以抑制过度的车身倾斜，提高该方向的下压力。背部襟翼也可充当空气刹车。在重刹车时，前悬挂及后襟翼均可升起以抵消传递至前轮的力，并保持车身稳定。

帕加尼风神使用一台特别定制的梅赛德斯 - 奔驰 M158 型 6 升 V12 双涡轮增压发动机，在每分钟 5800 转时可输出高达 537 千瓦，每分钟 2250~4500 转时可产生

1000 牛米的扭矩。其极速约为每小时 383 千米，0~100 千米 / 时加速时间约 2.8 秒。
帕加尼风神使用七速单离合序列式半自动变速器。鉴于超过 70 千克的重量代价，帕
加尼决定不使用油浸双离合器，继而放弃了双离合传动带来的快速换挡优势。最终，
整个传动系统仅重 96 千克。帕加尼风神装有布雷博的制动钳、转子及刹车片，以及
倍耐力轮胎，可在速度高达每小时 370 千米承受 1.66G 的横向加速度。

帕加尼风神外观

帕加尼风神内饰

柯尼赛格 One:1 超级跑车

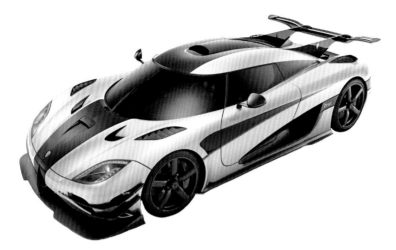

柯尼赛格 One:1 是瑞典柯尼赛格汽车公司设计和制造的一款中置后驱超级跑车。

基本参数	
长度	4500 毫米
宽度	2060 毫米
高度	1150 毫米
轴距	2662 毫米
整备质量	1360 千克

背景故事

柯尼赛格 One:1 基于柯尼赛格 Agera R 平台重新打造，其命名象征着车辆的整备质量和动力是 1：1 的比例。该车在 2014—2016 年生产，限量生产 6 辆，官方指导价为 1100 万元人民币，实际流通价格将近 1 亿元人民币。

设计特点

该车型外观极富运动感，而出于极速驾驶的考虑，采用轻量化设计技术。柯尼赛格 One:1 采用银色车身辅以黑色线条装饰，加入了非常多的空气动力学套件，尾部还配备了大尺寸的主动式扰流板，此外，柯尼赛格 One:1 配备了前 19 英寸、后 20 英寸的碳纤维轮毂，与之搭配的是米其林轮胎，能够在高速时为车辆提供充足的下压力。

柯尼赛格 One:1 搭载 5.0 升 V8 双涡轮增压发动机，最大功率达到 1030 千瓦，峰值扭矩为 1371 牛米。传动系统匹配的是七速双离合变速箱，并配备了换挡拨片。此外，柯尼赛格还为该车型升级了后悬架，加入碳纤维组件并采用了主动减震器。据官方测试，该车型从静止加速到 400 千米 / 时仅需 20 秒，极速超过每小时 450 千米，使其从 2014 年起取代布加迪威龙成为史上最快量产车。柯尼赛格 One:1 在 400 千米 / 时的刹车时间在 10 秒内，100 千米 / 时的刹车距离仅为 28 米。

柯尼赛格 One：1 外观

柯尼赛格 One：1 内饰

迈凯伦 F1 超级跑车

迈凯伦 F1 是英国迈凯伦汽车公司设计和制造的一款中置后驱超级跑车。

基本参数	
长度	4287 毫米
宽度	1820 毫米
高度	1140 毫米
轴距	2718 毫米
整备质量	1138 千克

背景故事

迈凯伦 F1 是由迈凯伦工程师结合大量 F1 赛车技术研制生产的超级跑车，其名字中的"F1"也由此而来。该车型在 1992—1998 年生产，总产量为 106 辆，设计师为戈登·默里。2017 年，第一辆进口到美国的迈凯伦 F1 在圆石滩车展宝龙拍卖会上拍出 1420 万美元（约合 9900 万元人民币）的天价。迈凯伦 F1 曾经是世界上最快的量产车，最高车速达到每小时 386.5 千米，这一纪录直到 2005 年才被打破。

设计特点

迈凯伦 F1 有非常多的空气动力学设计，车头下方两个进气口里面有两具电脑控制的吸气风扇，可以将空气吹向刹车盘协助冷却，一部分气流从车头灯后方活动板开口排出，一部分气流从前轮后方的大型开口排出，风扇速度加快的时候可产生地面效应，降低车头下方气压增加下压力；车门下方的小进气口是冷却机油与电子装置；前雨刷底部也有小型扰流板，车顶的进气口如同 F1 赛车一样是发动机进气口，后挡风玻璃下方大进气口用以冷却后刹车，其余开口和两组尾灯之间是发动机散热口。车尾底部也有气流扩散器加快车底气流排出增加下压力，气流扩散器前方底板还有一开口让部分气流通往发动机室协助散热；车尾上方的扰流板也会在刹车时自动升起协助刹车。

迈凯伦 F1 搭载一台宝马汽车公司根据戈登·默里的特定要求开发的 V12 发动机。与当时的其他 V12 发动机不同，它配备了 12 个节气门，这意味着空气可以立即进入气缸，从而提高了发动机的响应速度。另外，气缸间距也仅相距 3 毫米，从而实现了超紧凑的设计。铬镍铁合金排气系统还充当后碰撞吸收器，使迈凯伦汽车成为首家将排气系统整合到汽车安全装置中的汽车制造商。

迈凯伦 F1 外观

迈凯伦 F1 内饰

保时捷 918 斯派德超级跑车

保时捷 918 斯派德是德国保时捷汽车公司设计和制造的一款中置四驱超级跑车。

基本参数	
长度	4643 毫米
宽度	1940 毫米
高度	1167 毫米
轴距	2730 毫米
整备质量	1634 千克

背景故事

2010 年 3 月，保时捷 918 斯派德在第 80 届日内瓦车展上作为一款概念车首次亮相。2011 年 3 月，保时捷宣布正式量产保时捷 918 斯派德，仅限量生产 918 台。该车于 2013 年 9 月 18 日在德国斯图加特的祖文豪森工厂正式投产，到 2015 年生产结束。保时捷 918 斯派德的官方指导价为 1338.8 万 ~1463.5 万元人民币。

设计特点

保时捷 918 斯派德融入了保时捷赛车的精华部分，车辆底盘是以碳纤维强化塑料制成，车身广泛使用镁和铝为材质，这样的结果就是整备质量只有 1634 千克。内饰方面，以大胆夸张且配合高科技为主基调。为了突出赛车的环保特性，车内的镶边及真皮缝制部分都以绿色为主，看上去清新自然。而包括方向盘、仪表盘、中控台等关键部分也同样显得未来感十足。

保时捷 918 斯派德搭载 4.6 升 V8 自然吸气发动机，在每分钟 8700 转时可输出最大 447 千瓦，在每分钟 6700 转时则可输出最大扭力 540 牛米，发动机最高转速可达每分钟 9150 转，此外，前后轴各自搭载一具电动马达作为辅助动力输出，分别可提供 95 千瓦与 113 千瓦的动力，让其综效动力在每分钟 8500 转时可输出最大 652 千瓦，瞬间最大扭力可达 1280 牛米，与强化的七速双离合器变速箱搭配，0~100 千米 / 时加速仅需 2.8 秒，加速至每小时 200 千米只需 7 秒，极速可达每小时 343 千米。若在纯电动马达行驶下，0~100 千米 / 时加速也只需 6.9 秒，极速可达每小时 150 千米。

保时捷 918 斯派德外观

保时捷 918 斯派德内饰

第7章
其他奢侈品

除了钟表、箱包、珠宝首饰、时装和豪华座驾等常见的奢侈品，名酒、雪茄、香水和钢笔等物品也是名流和富豪钟爱的收藏对象。

知名品牌

◎ 人头马

人头马是法国著名白兰地品牌，创立于 1724 年。人头马酒庄是世界公认的特优香槟干邑专家。近 3 个世纪的探索，成就了人头马干邑芬芳浓郁、口感醇厚、回味悠长的独特品质。在当今的全球四大白兰地品牌中，唯有人头马由当地科涅克人所创建，其他三家均为外国酒商所创建。

◎ 酩悦

酩悦是法国著名香槟品牌，创立于 1743 年。两个多世纪以来，酩悦香槟一直是欧洲许多皇室的贡酒。目前，酩悦香槟归属于路威酩轩集团。其最早的酒庄所在地现在已改名为"香槟大道"，可见它在法国香槟业的地位。

◎ 轩尼诗

轩尼诗干邑于 1765 年由理查德·轩尼诗创立于法国干邑地区，是世界上三大干邑品牌之一。1971 年，轩尼诗干邑与酩悦香槟结盟，著名酒业集团酩悦轩尼诗由此诞生。1987 年，酩悦轩尼诗集团再次与世界顶级皮具品牌路易威登结盟，组成了同时包括罗意威和凯歌香槟等世界著名品牌的全球第一奢侈品集团——路威酩轩集团。

◎ 拉菲

拉菲·罗斯柴尔德酒庄是位于法国的一座葡萄酒庄园，自 19 世纪起为罗斯柴尔德家族所有。"拉菲"一名来源于加斯科方言"la hite"，意为"小山丘"。在 1855 年的甄选中，最初只有 4 家波尔多酒庄获得了"一级酒庄"的称号，拉菲便是其中之一。

◎ 罗曼尼·康帝

罗曼尼·康帝是法国最古老的葡萄酒庄园之一。这座位于勃艮第产区夜丘子产区核心位置的超级酒园，光凭一己之力就足以将勃艮第产区提升到与波尔多并驾齐驱的地位。在红酒界，罗曼尼·康帝被称为"帝王之酒"。其高昂的售价也被罗伯特·帕克评价为："罗曼尼·康帝是百万富翁之酒，却只有亿万富翁才喝得到。"

◎ 麦卡伦

麦卡伦成立于 1824 年，是一家单一麦芽苏格兰威士忌酒厂，也是苏格兰第一批拥有合法生产和销售酒类执照的酿酒厂之一。作为最具盛名的麦芽威士忌品牌之一，麦卡伦一直是收藏家和投资者竞逐的对象，几乎横扫了全球拍卖市场的所有榜单。

◎ 百富

百富来自历史悠久、品质出众的苏格兰产区的格兰父子洋酒公司。其由格兰父子创建于 1886 年，是苏格兰最古老、最负盛名的威士忌公司之一，产品行销全球 180 多个国家和地区，为英国王室贵族和全世界威士忌爱好者所喜爱。

◎ 绝对

绝对是世界知名的伏特加酒品牌，创立于 1879 年。虽然伏特加酒起源于俄罗斯（一说波兰），但是绝对伏特加却产自一个人口仅有 1 万人的瑞典南部小镇阿赫斯。多年来，绝对不断采取富有创意而又高雅、幽默的方式诠释伏特加品牌的核心价值：纯净、简单、完美。

◎ 高斯巴

高斯巴是古巴著名雪茄品牌，创立于 1966 年。"Cohiba"一词源自古代泰诺印第安语，用以称呼当地原住民吸食的烟卷，这也是已知的最早的雪茄烟。高斯巴雪茄的起源注定了其血液中的勇士基因，代表了卡斯特罗铁汉的精神，象征着男性的尊严与勇气，让人难以抵挡它的魅力。

◎ 克莱夫基斯汀

克莱夫基斯汀公司的前身是创立于 1872 年的王冠香料店，由于其制造的香水品质出众，英国维多利亚女王特许其在标志上使用皇冠标志，也是世界上唯一一款被特许使用英国皇冠标志的皇室御用香水。1999 年，王冠香料店被英国室内设计师克莱夫基斯汀收购，克莱夫基斯汀开始研发更多独特的香水产品线，并结合自身的室内设计经验，将设计品类扩展到皮包、家具、骨瓷等，渐渐被公认为英国顶尖定制奢侈品品牌。

◎ 奥罗拉

　　奥罗拉是意大利著名书写工具制造商，也是意大利著名的家族企业之一，创立于 1919 年。一个世纪多以来，奥罗拉在国际笔业中享有尊贵的口碑，其产品都出自于手艺高超的工匠之手。热情与承诺是奥罗拉品牌的精髓所在。

◎ 万宝龙

　　万宝龙是瑞士历峰集团旗下位于德国的一家精品钢笔、手表与配件的制造商，以白色六角星商标作为识别。万宝龙于 1906 年在德国汉堡成立，历经一个世纪，已发展成为一个多元化的高档品牌，产品包括高档文具用品、腕表、优质皮具、男士高级衬饰等。

人头马路易十三干邑

  人头马路易十三是人头马于 1874 年推出的干邑产品。人头马的生产标准高于干邑产区生产法令规定的标准，陈化期达到 50 年以上的称为路易十三。

背景故事

  人头马路易十三的历史可以追溯到 1850 年，当时人头马第三代传人之子保罗·埃米尔买下发现于雅纳克附近的路易十三时代古战场上的一个文艺复兴时期巴洛克风格酒瓶，瓶上的皇家百合花饰纹代表了酒瓶曾隶属于皇家的高贵门楣。保罗·埃米尔申请了复刻专利，并命名为"路易十三"。1874 年，他将人头马星座标志和已被称为路易十三的酒瓶正式注册为公司商标。至此，人头马路易十三的时代开始了。人头马路易十三酒瓶成为专门用于盛装人头马陈酿及最佳品质干邑的酒器，人头马路易十三更成为顶级干邑的代名词。

  除了经典款外，人头马路易十三还推出过多个限量版，包括人头马路易十三黑珍水晶、天蕴 Rare Cask 43.8 和天蕴 Rare Cask 42.6 等，都是长期霸占最贵干邑榜单的酒款。2018 年年初，路易十三推出限量一瓶的 9 升装 Le Salmanazar 干邑，光酒瓶就重 15 千克，标价 280 万元人民币。即便卖到天价，人头马路易十三依然被干邑爱好者及藏家奉为珍宝。盛放酒液的复刻皇家水晶酒瓶也是一大卖点。据报道说：
"假如包装盒完好，一个人头马路易十三的空酒瓶最高能卖 2000 元人民币。"

产品特点

人头马路易十三由多达 1200 种全部来自大香槟区的白兰地原酒调配而成，并
且把酒厂一向奉行的超长陈年时间做到了极致。酿制人头马干邑的关键，在于酒桶
的木质。由于橡木独特的香味，经过长期的培育，储藏在橡木桶内的陈年干邑就会
变得更为香醇丰厚。由于酒窖的自然温度、湿度、采光度等对干邑的蒸发和老化过
程有重要影响，因此有经验的酿酒师会观察酒的酿制程度，时而保持湿润，时而令
其干燥。通过这样的贮藏法，达到干湿平衡，酿成最香最醇的陈年美酒。

白兰地的品质在很大程度上取决于橡木桶陈化时间。经过长达半个世纪的陈化
岁月，人头马路易十三的境界当然至高无上。人头马官方描述说："饮用人头马路易
十三，就像经历一段奇幻美妙的感官之旅。最初可感觉到波特酒、核桃、水仙、茉莉、
百香果、荔枝等香味，旋即流露香草与雪茄的香味；待酒精逐步挥发，鸢尾花、紫罗兰、
玫瑰、树脂的清香更令人回味。一般白兰地的余味只能持续 15~20 分钟，这款香味
与口感极为细致的名酒，余味萦绕长达 1 个小时以上。"

Le Salmanazar 干邑

酩悦世纪精神香槟

酩悦世纪精神香槟是酩悦香槟酒庄于 1999 年推出的一款限量版香槟。

背景故事

拥有 270 年酿酒传统的酩悦香槟酒庄，曾因法皇拿破仑的喜爱而赢得"皇室香槟"的美誉。2 个多世纪以来，一直是欧洲许多皇室的贡酒。如今，酩悦香槟已成为法国最具国际知名度的香槟。根据法国法律，只有香槟地区出产的香槟酒才能被称为香槟酒，其他地区出产的同类酒只能称为"发泡葡萄酒"。

1999 年，酩悦香槟酒庄为迎接千禧之年，特酿制出一种名为"世纪精神"的香槟，共 323 瓶，其中 100 瓶分送给世界各国的杰出人士。酩悦世纪精神香槟经过 3 次发酵，加上长达 3 年的沉淀，才生产了 323 瓶，所以大部分都是非卖品。酩悦香槟酒庄出口 100 瓶酩悦世纪精神香槟到 40 个国家和地区，其中亚洲地区只分得 7 瓶，单瓶售价约 7.7 万元人民币。

产品特点

香槟的酿制工艺非常独特，在白葡萄酒入瓶后再加少许糖与酵母菌作第二次发酵，便产出大量的二氧化碳成为气泡，开瓶时压力令其发出砰然声响，带来欢乐的气氛。酩悦世纪精神香槟混合了酩悦香槟酒庄近百年来最具代表性的 11 种不同年份酿制的香槟（即 1900 年、1914 年、1921 年、1934 年、1943 年、1952 年、1962 年、1976 年、1983 年、1985 年和 1995 年），可以说是"香槟中的香槟"。香槟地区（法国葡萄酒最有名的三大产区之一）独一无二的地质和气候条件，为酩悦世纪精神香槟提供了最好的环境。精益求精的酿制过程，更使其馥郁芳香、口感绵延持久。

>>>> 轩尼诗永恒干邑

轩尼诗永恒干邑是轩尼诗于 1999 年推出的一款限量版干邑。

背景故事

　　1765 年，来自爱尔兰的理查德·轩尼诗创立了轩尼诗品牌。得益于优质的品质和良好的声誉，轩尼诗在 18 世纪末便在全球市场四处开花。1999 年，轩尼诗为了迎接千禧年而发布了一款纪念酒，命名为轩尼诗永恒干邑。这款干邑限量生产 2000 瓶，每瓶售价约 11 万元人民币，一经推出就受到收藏家和鉴赏家的追捧。

产品特点

　　轩尼诗永恒干邑由 11 个年份的轩尼诗原酒调和而成，其香气细致平衡，配合世界水晶名牌巴卡拉著名设计师托马斯·巴斯蒂德设计的鹅蛋形水晶瓶身，是极品干邑爱好者的梦中之酒。抢眼的铁框盒也成为经典，被竞相效仿。

 拉菲红酒

拉菲红酒是拉菲·罗斯柴尔德酒庄出品的一款红葡萄酒，其花香、果香突出，芳醇柔顺。

背景故事

拉菲酒庄作为法国波尔多五大名庄之一，有着悠久的历史。1354年，创园于菩依乐村。自19世纪起，拉菲酒庄为罗斯柴尔德家族所有。虽然历经几个世纪的变迁，拉菲酒庄一直持守着虔诚的酿酒精神和严苛的工艺标准，把拉菲红酒作为世界顶级葡萄酒的质量和声誉维持至今。1855年，法国政府对葡萄酒名庄进行了迄今为止唯一的一次评级，位列第一级的名庄有四个，而拉菲就排名第一位。

由于供不应求，拉菲红酒的预订都是在葡萄成熟的半年前进行，而且每个客人最多只能预订20箱。而年代久远的拉菲红酒，更是存世稀少，因此受到红酒收藏家的狂热追捧。1985年在伦敦佳士得拍卖会上，一瓶1787年带有时任美国总统托马斯·杰弗逊签名的拉菲红酒以10.5万英镑的天价由《福布斯》杂志老板马尔科姆·福布斯获得，时至今日仍保持着世界上最贵葡萄酒的纪录。

产品特点

拉菲红酒花香、果香突出，芳醇柔顺，所以很多葡萄酒爱好者称拉菲为葡萄酒王国中的"皇后"。拉菲红酒能拥有世界顶级的优秀品质，得益于拉菲酒庄的土壤及所处地方微型气候得天独厚。拉菲酒庄总面积90公顷，每公顷种植8500棵葡萄树。其中，卡本妮苏维翁（国内称赤霞珠）占70%左右，梅洛占20%左右，其余为卡本妮弗朗克，平均树龄在40年以上。每年的产量大约3万箱酒（按每箱12支750毫升计算）。拉菲酒庄的葡萄种植采用非常传统的方法，基本不使用化学药物和肥料，以小心的人工呵护法，让葡萄完全成熟才采摘。在采摘时熟练的工人会对葡萄进行树上采摘筛选，不好不采。葡萄采摘后送进压榨前会被更高级的技术工人进行二次筛选，确保被压榨的每粒葡萄都满足高质要求。

罗曼尼·康帝红酒

罗曼尼·康帝红酒是罗曼尼·康帝酒庄出品的一款红葡萄酒。

背景故事

罗曼尼·康帝酒庄（是法国勃艮第著名酒庄之一，不仅拥有罗曼尼·康帝和拉塔希这两个特级葡萄园，在其他特级葡萄园如里奇堡、圣维旺、依瑟索和大依瑟索等都有园地。该酒庄生产的葡萄酒被认为是世界上最昂贵的葡萄酒之一，以厚重、复杂和耐存著称。罗曼尼·康帝酒庄会按照不同酒园的名字来命名自己的葡萄酒，所有产品均是精品，其中最好的就是罗曼尼·康帝红酒。1936 年 9 月 11 日，罗曼尼·康帝红酒被法国官方评定为顶级佳酿等级。

极致品质、承载的深远历史和稀少的产量造就了罗曼尼·康帝在葡萄酒世界中的至高地位，同时也造就了其高昂的价格。罗曼尼·康帝酒庄还采取搭售的销售方式，经常买一箱 12 瓶同属罗曼尼·康帝酒庄其他园区的酒，里面才有一瓶罗曼尼·康帝红酒。2016 年，施氏佳酿拍卖行在香港举办年度首场拍卖会时，一箱 12 瓶装的 1990 年罗曼尼·康帝葡萄酒拍出了 159.25 万港币（约合 142.68 万元人民币）的价格，单瓶价格高达 13.27 万港币（约合 11.89 万元人民币）。

产品特点

罗曼尼·康帝特级葡萄园出产的葡萄酒有着"王子之酒"的美誉，口感极为优雅、丰富。著名葡萄酒评论家克里夫·科特斯把这款酒评价为"最纯澈、最尊贵和最浓郁的黑皮诺葡萄酒"。此外，罗曼尼·康帝特级葡萄园葡萄酒的陈年潜力极佳，至少需要 15 年才能发展到其品质的高峰，陈年时间可长达数十年。

>>>> 麦卡伦 72 年莱俪水晶瓶威士忌

麦卡伦 72 年莱俪水晶瓶是麦卡伦于 2018 年推出的限量版威士忌。

背景故事

麦卡伦 72 年莱俪水晶瓶威士忌于 2018 年装瓶，全球限量 600 瓶。这是一款卓绝非凡的限量版威士忌，为庆祝麦卡伦酒厂暨游客中心落成而特别推出。它是麦卡伦有史以来年份最高的威士忌，以纪念麦卡伦历史上的开创性时刻。这款旷世之作在 20 世纪 40 年代蒸馏，是麦卡伦在二战后生产的第一批酒。众所周知，在 40 年代蒸馏的威士忌是极其罕见的，因为随着威士忌的陈酿，大量的酒精会被蒸发。在苏格兰的气候条件下，每年约有 2% 的酒精因蒸发而流失，俗称"天使所享份额"。

产品特点

麦卡伦 72 年莱俪水晶瓶威士忌以莱俪水晶手工定制瓶盛装，瓶身取名为"创世水晶醒酒瓶"，以创世纪为名赞颂麦卡伦崭新一页的黎明，并将酒厂的建筑结构完美地转化为瓶身设计，同时颂扬着威士忌、水晶、建筑、手工艺各领域大师们的合作庆典，也标志着麦卡伦新故事的开始。这款酒的外包装是由 NEJ 史蒂文森品牌手工打造的原木盒。

麦卡伦酿酒大师尼克·萨维奇曾经表示："虽然经过了 72 年的陈酿，但它偏淡的颜色告诉你这不是一般的单一麦芽威士忌。它会带给你一波接着一波的惊喜——橡木的甜感和泥煤味平衡得很细腻，水果香气和一丝泥煤味将会深入你的喉咙深处，并留下悠长的浓郁水果和木桶余韵。虽然在各个面向它都是这么的纤细优雅，但它又带给了你品饮麦卡伦历史的强烈体验。"

麦卡伦 72 年莱俪水晶瓶威士忌及其原木盒外包装

原木盒外包装开启状态

百富 50 年苏格兰威士忌

百富 50 年是百富推出的一款限量版苏格兰威士忌。

背景故事

1987 年，百富首次推出"百富 50 年"系列限量版威士忌。此后，百富又分别在 2002 年、2012 年及 2014 年推出了新的百富 50 年限量版威士忌，4 次共推出了 5 款产品。2018 年，百富推出了第 6 款 50 年限量版威士忌，命名为"Marriage 0962"，0962 是总酿酒师大卫·斯图尔特开始在百富工作的月份年份，酒液来自 4 个美国桶。百富 Marriage 0962 一共限量 110 瓶，装瓶 42.8°，750 毫升瓶的售价为 3.8 万美元（约合 26 万元人民币）。

产品特点

百富 Marriage 0962 是一款调和威士忌，在 4 个美国橡木桶中陈酿了 50 年或更久，是苏格兰威士忌市场上最古老的威士忌之一。百富将 Marriage 0962 威士忌描述为："有着将麦芽、橡木、红糖、太妃糖及磨碎的姜汁混合在一起的味道，然后将涌出更多的橡木味、枫糖浆及浓郁的柑橘味，而且还有经典的蜂蜜味。余味悠长，有着持久的干果和香草橡木的味道。"百富 Marriage 0962 威士忌的木盒外包装以 48 层胡桃木和 2 层金属拼贴而成，一共 50 层。包装里还有黄铜证书、瓶塞及威士忌品尝记录。

绝对伏特加是瑞典生产的一款高档伏特加，该品牌原属瑞典葡萄酒和酒精公司，2011 年被法国保乐力加集团收购。

背景故事

绝对伏特加的名字不仅考虑到产品的绝对完美，也叙述了其品牌的来历。1879 年，被誉为"伏特加之王"的拉斯·奥尔松·史密斯利用一种全新的工艺方式酿制了一种全新的伏特加，叫作"绝对纯净的伏特加酒"，这一工艺被绝对伏特加沿用至今，特选的冬小麦与纯净井水保证了绝对伏特加的优等质量与独特的品位。除了经典口味，绝对伏特加还相继推出了辣椒味、柠檬味、黑加仑子味、柑橘味、香草味、红莓味和红柚味等多种口味的产品。

产品特点

绝对伏特加由冬小麦制成，其坚实谷粒赋予了绝对伏特加优质细滑的特征。每年大约有 8 万吨冬小麦被用于绝对伏特加的生产。每生产 1 升绝对伏特加要用掉超过 1 千克的冬小麦。绝对伏特加采用连续蒸馏法酿造而成。酿造过程的用水是深井中的纯净水。正是通过采用单一产地的当地原料来制造，绝对伏特加公司完全控制生产的所有环节，从而确保每一滴酒都能达到绝对顶级的质量标准。所有口味的绝对伏特加都是由伏特加与纯天然的原料混合而成，没有添加任何糖分。

高斯巴雪茄

高斯巴是古巴雪茄中的顶级品牌，由哈伯纳斯雪茄公司（全球所有古巴雪茄品牌的独家销售商）负责销售。

背景故事

高斯巴雪茄起始于 20 世纪 60 年代中期，当时古巴领导人卡斯特罗的一位贴身保镖喜欢向当地雪茄工匠秘密购买雪茄，没想到卡斯特罗试抽后非常喜欢，于是聘请爱德华多·里贝拉专门为他调制雪茄。起初该雪茄没有名字，直到 1968 年才命名为"高斯巴"，最初仅生产 3 种尺寸规格，都是卡斯特罗个人非常喜爱的种类。在很长一段时间里，高斯巴雪茄都只提供给王室和贵族阶级。直到 1982 年，高斯巴才宣布以高级雪茄品牌，正式向公众消费群体发行，市场定位更倾

高斯巴特级皇冠雪茄

向于平民百姓，而供应西班牙王室及其他国家的王公贵族的份额将逐渐减少。此后，高斯巴又陆续推出了多种新的型号。

产品特点

高斯巴在古巴布埃尔塔阿瓦霍地区建立了 10 个顶级烟草园，每年挑选 5 个最好的烟草园种植茄衣、茄套、浅叶、干叶和淡叶。高斯巴雪茄采用独特的三段式发酵工艺，这在各种哈瓦那品牌雪茄中是独一无二的。卷制高斯巴雪茄的卷烟工人技术优良，在埃尔拉吉托烟厂的工人全部是女性卷烟工人。高斯巴雪茄具有厚实的外形、滑手的质感和丝丝顺畅的口感，视觉柔和，味道很干净，呼出的烟雾有一种一环接一环的层次感，像香水的味道。

克莱夫基斯汀"皇家尊严1号"香水

"皇家尊严1号"香水是克莱夫基斯汀公司于2006年推出的一款限量版香水。

背景故事

2006年，克莱夫基斯汀公司的技师们花费了半年时间，才制造出10瓶"皇家尊严1号"香水，每瓶容量为500毫升，价值约21.5万美元（约合147万元人民币）。顾客订购了这款香水之后，克莱夫基斯汀公司会派专人开着宾利轿车送货上门，这无疑更增加了"皇家尊严1号"香水的神秘色彩。2008年，吉尼斯世界纪录的主编给"皇家尊严1号"香水颁发了证书，正式认定它是世界上最贵的香水。

产品特点

"皇家尊严1号"香水采用世界上罕见且最上乘的原料配制而成，其中相当一部分原料的价格甚至超过了同等重量的黄金。这款香水的前味为莱姆果、白桃，中味为玫瑰、茉莉、依兰、绿色兰花，后味为香草、印度檀香。不管是男用款还是女用款，合成方法都十分复杂，产生的香味精致而回味悠长。"皇家尊严1号"香水的容器也非常名贵，是由水晶世家巴卡莱特制作的，香水瓶的瓶口镶嵌了以18K黄金打造的金项圈，并装饰有5克拉的白钻。

奥罗拉钻石钢笔

奥罗拉钻石钢笔是奥罗拉于 2005 年推出的纪念笔，分为黑、白两色。

背景故事

2005 年，为了纪念品牌 85 周年诞辰，奥罗拉特别推出了两款纪念笔。每一款均由 6 位经验丰富的老技师花费 6 个月的时间制作，其中仅镶嵌钻石这道工序就需要 3 个月。出身如此尊贵，自然价格不菲。与其说它是一支钢笔，不如是它是一件珠宝。而且它是独一无二的，每年只生产 1 支。奥罗拉钻石钢笔的市值约为 147 万美元（约合 1004 万元人民币），是目前世界上最贵的钢笔。

奥罗拉钻石钢笔的收藏价值远远超出了它的书写功能，成为权贵名流、王室成员用来标榜身份的象征。除了被私人收藏，奥罗拉钻石钢笔还于 2006 年在意大利都灵落成的"符号与笔"博物馆中被陈列为镇馆之宝，得以被来自世界各地的书写笔爱好者观赏、赞叹，也因此获得了更丰满的生命。

产品特点

奥罗拉钻石钢笔分为黑、白两色，笔身都镶有 1919 颗德比尔斯钻石，笔帽顶部镶嵌着一颗重达 2 克拉的钻石，整支笔的钻石总重量超过了 30 克拉。其中，白色钻石钢笔的笔身由 18K 铂金制成，笔尖为 18K 白金铑处理；黑色钻石钢笔的笔身和笔尖则由 18K 钨金制成。白色钻石钢笔凸显高洁优雅本色，黑色钻石钢笔则透出神秘深邃气质。黑白两笔相得益彰，互相呼应。

万宝龙"神秘巨匠"钢笔

"神秘巨匠"钢笔是万宝龙和梵克雅宝联合推出的一款限量版钢笔。

背景故事

2007 年年底，万宝龙和梵克雅宝这两个不搭界的百年老牌，合作推出了一款昂贵的钢笔——"神秘巨匠"。绅士的万宝龙，简洁、硬朗，以助成功绅士挥毫的巨匠自居；淑女的梵克雅宝，性感、温柔，像是扮靓名媛淑女的密闺，两个古老品牌却不乏创意精神和绝妙工艺，这一点正是它们相互吸引的共同语言。万宝龙"神秘巨匠"钢笔限量生产 9 支，红宝石、蓝宝石和祖母绿三款设计分别限量生产 3 支。每支万宝龙"神秘巨匠"钢笔需要德国和法国手工艺高超的工人花费一年半的时间才能制作完成。极致奢华的外观，加上隐藏其中的精湛工艺，令每支"神秘巨匠"钢笔的身价高达 73 万美元（约合 499 万元人民币）。

产品特点

万宝龙"神秘巨匠"钢笔的设计和制造，将万宝龙享誉盛名的制笔技艺及梵克雅宝绝妙的珠宝镶嵌工艺融会其中。笔帽顶端保留着万宝龙不可或缺的星形标志，不知是不是因为梵克雅宝的介入，整颗星形使用圆钻镶成，正好与笔夹笔杆表面的钻石蝴蝶花卉交相辉映。梵克雅宝在"神秘巨匠"钢笔上仍然沿袭其 1933 年自创的独门秘技，完全隐藏镶爪的隐秘式镶嵌法，使笔杆上宝石及美钻的光彩恣意绽放，与整个笔身流泻的镂空白金雕饰浑然天成。笔嘴部位使用镀铑白金，秉承了万宝龙精妙细致的刻工。整个笔身共镶嵌了 840 颗钻石和 20 克拉的宝石。